MW00396570

Histoire d'une Revanche

Histoire d'une Revanche

adapted from

Le Comte de Monte-Cristo
by
Alexandre Dumas

Edited in basic French by

LOUISE C. SEIBERT and LESTER G. CROCKER
Goucher College   *Western Reserve University*

PRENTICE HALL, Upper Saddle River, New Jersey 07458

© 1963 by Prentice-Hall, Inc.

A Pearson Education Company
Upper Saddle River, New Jersey 07458

All rights reserved. No part of this book may be
reproduced, in any form or by any means,
without permission in writing from the publisher.

Printed in the United States of America

ISBN 0-13-034042-1

Prentice-Hall International (UK) Limited, London
Prentice-Hall of Australia Pty. Limited, Sydney
Prentice-Hall Canada Inc., Toronto
Prentice-Hall Hispanoamericana, S.A., Mexico
Prentice-Hall of India Private Limited, New Delhi
Prentice-Hall of Japan, Inc., Tokyo
Pearson Education Asia Pte. Ltd., Singapore
Editoria Prentice-Hall do Brasil, Ltda., Rio De Janeiro

Introduction

In the course of the preliminary studies and testing undertaken for the writing of *Skills and Techniques for Reading French**, the authors discovered some interesting facts about the reading habits of college students and the causes for the many failures to achieve a reasonable degree of proficiency in reading. Among these were the following:

(1) Bad habits are due mainly to the fact that students are asked to read material far too difficult for their level of preparation. As a result, reading is constantly interrupted by the necessity of looking for the meaning of a word in the vocabulary or referring to the numerous notes at the bottom of the page. This interrupts the eye's movements and the natural sweep of reading. Moreover, it leads to the practice of reading word by word instead of trying to grasp the meaning of the whole sentence. Reading thus becomes a tiresome chore and any interest that the student may have had in reading is killed forthwith.

(2) Teachers are often too prone to ask for the translation of a passage as a means of checking reading ability, thus confusing ability to comprehend with the far more difficult ability to translate.

(3) Readers are mostly designed to be used as a classroom text with a study of grammatical constructions and question and answer exercises. We do not have any quarrel with this procedure for teaching the *language* but we dissent if the aim is to teach *reading*. Reading, as a function, is quite different from the acquisition of aural and oral skills and consequently should be taught separately and with techniques designed for the object to be achieved.

---

* Louise C. Seibert and Lester G. Crocker, *Skills and Techniques for Reading French* (The Johns Hopkins Press, Baltimore, Md., 1958).

When we say "taught," this is a manner of speaking, for reading is a self-taught ability acquired by practice. All we need to do is to put into the student's hand a text appropriate to his proficiency level and interesting enough to elicit in him the desire to read, and he will do the rest. We believe also that the acquisition of some reading skill should begin quite early. It is the most easily acquired ability, due to the fact that it is entirely on the recognition level and it can facilitate to some extent the acquisition of those higher skills which involve recall, such as speaking and writing.

What is needed, then, is a text simple enough to be read by beginners, one which should concern itself solely with the teaching of the *mechanics of reading* and the acquisition of good reading habits.

We need therefore to analyze the elements which contribute to making a text difficult. We eliminate at the start the difficulty which might arise from the subject matter being too technical, a difficulty which would affect the book whether it were written in the mother tongue or in a foreign tongue. We are then left with the following difficulties which mostly concern vocabulary:

(1) A too extensive vocabulary. If we use a book written by a good author, with its wide vocabulary, frequent use of highly idiomatic expressions, original figures of speech, *etc.*, we shall find the student overwhelmed by such richness and, we fear, quite out of his depth. Moreover, such vocabulary is likely to be made of words of very low frequency and quite useless for the student's probable needs. The vocabulary in a beginner's text should be restricted as much as possible to words of very high frequency. The intake of new words should also be carefully controlled so that the density of new words per running words remains steady and not too heavy, and these new words should be repeated whenever possible.

(2) The difficulty of idiomatic expressions is the main reason for the numerous footnotes at the bottom of pages. Even more than the vocabulary, idiomatic expressions contribute highly to the difficulty of the text and it is doubtful if they are assimilated by the students at an elementary level.

We believe that the idiomatic expressions used in a primer should be chosen among the most current in the language and that they should be repeated often enough to become familiar to the student.

(3) The failure to recognize the verbs under their different tense forms is one of the important factors which contribute to poor reading. Verb forms, especially those of irregular verbs, should be treated as vocables and as such introduced gradually. We believe that a text for beginners should avail itself of the permissible use of the present tense in a French narration. In this manner the student can familiarize himself thoroughly with the present tense of the main irregular verbs before he is confronted with their different forms in other tenses.

(4) Complex sentences, with involved relationships such as an abundance of relative and subordinate clauses, are difficult to grasp in the early stages of reading. They should be avoided in a primer in favor of short, crisp sentences easily understood in their entirety.

It is obvious, from what has been said, that a text chosen from an author of any literary merit will be unsuitable as a primer for learning how to read. Such a text must be *constructed*, with one end in view: to teach the *mechanics of reading* to a beginner and give him the opportunity to read in French with ease, rapidity, and enjoyment. It is to fulfill this need that this book has been written.

Note to the Teacher

This text has been written for the purpose of providing high school and college students who are beginning the study of French with a reader which can be used for *outside reading* almost immediately and independently of the teaching that takes place in the classroom. It is truly a beginner's book, written in basic French with a minimum vocabulary and with simple sentence structures. It starts with a core of about a hundred words (composed chiefly of articles, adjectives, pronouns, prepositions, *etc.*) which are assumed to be known by the student; thereafter, new words are introduced very gradually and repeated as often as the context permits. The book is so designed that the student can read it on his own, thus allowing the instructor to devote his time in the classroom to the teaching and practice of other aspects of the language.

The aim of this reader is to teach the student to read simple French at sight with a fair degree of ease and understanding, very much as he reads English, and thereby to acquire good reading habits. It aims at nothing more than to teach the *mechanics of reading* which at that early stage is an aim sufficient in itself. We have chosen deliberately a purely imaginative story, hoping that it will hold the student's interest and make him *want* to read.

The story is based on the ever popular classic of Alexandre Dumas, *Le Comte de Monte-Cristo*. It has been considerably shortened and carefully edited for a school edition. It is of necessity a very free adaptation or *résumé* of some of the most important episodes; but it is our hope that, the difficulties of the task notwithstanding, the story still remains highly entertaining, and that it will elicit the interest of the student and make reading the stimulating experience it ought to be.

In order to facilitate reading, a supplement for each

chapter has been added at the end of the book. It includes:

(1) a *Vocabulary Section* dealing with the study of idiomatic expressions and words such as synonyms, words with different meanings, and related words;

(2) a *Verb Section* in which a systematic study of irregular verbs is undertaken from the recognition point of view;

(3) a *Comprehension Test*. Since the book is designed to be used for outside reading, a section to test understanding of the material read is essential. Objective tests are provided for the purpose; they are so worded as to provide simultaneously a means of testing the assimilation of the new words introduced in the corresponding chapter. We have purposely given the key for these tests so that the student himself can check his progress in reading.

What are the students supposed to know before they begin their reading?

Naturally we had to assume that a few words were known to the student before we could write anything. Owing to the fact that the material taught during the first French lessons varies widely, we had to be extremely cautious in the choice of these words and we decided to err on the side of conservatism. Needless to say, many words introduced in the first chapters as "new material" will already be known to the students, and we think that the seemingly heavy "vocabulary load" in these chapters will in reality be nothing of the sort; but the advantage of such a policy will be that the book can be used almost anywhere, by anyone.

(1) We started with a core of a little over one hundred words made up as follows:

(a) about 50 items from the 69 items which are not included in the Vander Beke List* count as being of too high frequency;

(b) about 10 words chosen from the first fifty words of that list;

(c) about 50 items (words and idiomatic expressions) which we feel fairly sure are included in all preliminary les-

* *A French Word Book* compiled by George E. Vander Beke. Vol. XV. Publications of the American and Canadian Committees on Modern Languages. The Macmillan Co., 1929.

sons in French. (A complete list of these words and expressions is given in Appendix A.)

(2) We assumed also that the student had had a few rudiments of grammar such as: (a) the distinction between masculine and feminine forms and the formation of the regular plurals; (b) the recognition of the interrogative and negative forms; (c) the endings of the present indicative of regular verbs; (d) the present indicative of the verbs *to be, to have, to go.*

The story is told mostly in the present tense, since its use is permissible in a French narrative, so as to familiarize the students with the indicative of irregular verbs. However, the past indefinite is used from the start, and later the student is introduced to the imperfect tense. The use of the other tenses together with their systematic study is reserved for the second reader *Le Fils du Fauconnier* which, with *Histoire d'une Revanche* forms a basic unit in reading.

The vocabulary used in the text is largely based on words borrowed from the first 1500 words of the Vander Beke List plus a number of basic idiomatic expressions. It is supplemented by cognates which the students are taught to recognize plus about one hundred items consisting of words and expressions of lower frequency which are translated in the text and which the students need not study.

The *vocabulary load*, that is, the number of words, verb forms and idiomatic expressions which the students are asked to learn, consists of about 850 items or roughly one entry per 35 running words of text. Not counted as new material are: (1) regular adverbs from known adjectives; (2) present participles of known verbs used as adjectives; (3) verbs with the prefix **re** when the main verb is known, since their formation and meaning are explained in Vocabulary Notes.

Out of these 850 items about 50 words of lower frequency are included, either because they are repeated often enough in the text, or because they are related to cognates or known words and easy to recognize. On the other hand, especially in the first chapters, a word of high frequency may be translated the first time it is used if its introduction at that time is not deemed advisable and reintroduced later at a more appropriate time.

Note to the Student

This book has been especially constructed so that you, a beginner, can learn to read French by *yourself*. Like the primer in which you learned to read English, the book starts with a handful of words which you are supposed to know.* By introducing gradually a few words at a time and repeating them as often as the text permits, this book teaches you to understand simple sentences in French. When you read, try to read as you do in English; that is, try to understand the *meaning* of the sentence directly from the text, without attempting to translate it. You will find that in so doing you can guess the meanings of many new words; after all, that is the way you learned the meanings of many words in English and enriched your vocabulary. Try to repeat the same process in French. Make an effort to assimilate the meanings of the new words which are introduced in each chapter and given in the margin. In writing the succeeding chapters we take for granted that you know these words. Note that the same word sometimes has different meanings, which explains why it is entered several times in the margin.

The words and expressions which you are supposed to learn have been carefully chosen from among the most useful in the French language and their number is limited to a total of about 850. Naturally, we could not begin to tell a story for adults with such a limited vocabulary were it not for the fact that a great number of French words look very much like English words and are easy to understand. These words are called *cognates*, and *before you begin to read* we earnestly urge you to go over the material dealing with them in Appendix B. The few minutes which you will spend in getting acquainted with these cognates will be minutes well spent indeed.

* For a list of these words see Appendix A.

How to use the material in Appendix C

The material given in Appendix C is not to be considered as a series of "exercises" imposed upon you and to be done grudgingly. It is really intended to help you with your reading. Take for example the section dealing with *verbs*; we try to present them in such a way as to bring order and symmetry out of a confused mass of forms which otherwise would bewilder you. As for the section on *Word Study* you will be surprised how the mere perusal of it will enrich your vocabulary, for a quantity of French words are formed by the mere addition of prefixes and suffixes to a common root.

Finally, you will want to know whether you read well or not. In order to check your progress, you will find a comprehension test for each chapter. These tests are objective and take very little time to answer. Be sure to read the statements carefully, for some of them could be tricky if you read them too fast. Then compare your answers with the key. You should make a perfect or near perfect score every time. If you make many mistakes, it means that you have read too fast or that you have failed to assimilate the new vocabulary of the chapter. There is only one thing to do in that case: read the chapter again. Remember, you are *on your own*; you want to learn how to read French, and the only way to do it is to check your progress, step by step.

Première Partie

Chapitre I

Le *Pharaon*[1]

Aujourd'hui, un des bateaux de monsieur Morel, le *Pharaon*, arrive de Calcutta, et monsieur Morel est très heureux. Un voyage de Marseille à Calcutta est une entreprise hasardeuse: le voyage est long, l'océan dangereux et un grand bateau avec
5 ses marchandises représente une fortune. Naturellement, monsieur Morel est toujours heureux quand un de ses bateaux arrive à bon port (safely).

Monsieur Morel est un riche armateur (ship owner) de Marseille. Il est en relations commerciales avec les ports
10 d'Alger, d'Alexandrie, de Calcutta et de Bombay et ses bateaux vont en Algérie, en Égypte et en Asie. Ce commerce est très lucratif et monsieur Morel a amassé une fortune considérable dans son commerce avec l'Orient.

L'arrivée d'un grand bateau est toujours un spectacle
15 intéressant et quand monsieur Morel arrive au port, il y a déjà un grand nombre de spectateurs sur les quais et sur les esplanades. Sur le quai Saint-Jean, réservé au *Pharaon*, une jeune fille d'une grande beauté parle avec animation à un de ses compagnons, un jeune homme morose et taciturne qui ne lui

aujourd'hui
today
bateaux
boats
heureux
happy

l'arrivée
the arrival
déjà
already
une jeune fille
a young girl

un jeune homme
a young man
ne . . . que
only

[1] We earnestly urge the student to read "Note to the Student" (pp. xi–xii) and the material provided in Appendix B, before attempting to read this story.

3

répond que par monosyllabes. Vexée, elle s'adresse à son autre
compagnon:

de quel côté
which way

— Monsieur Dantès, lui dit-elle, de quel côté le *Pharaon*
arrive-t-il?

de ce côté-là
that way

— De ce côté-là, répond monsieur Dantès en indiquant un 5
promontoire. Il va doubler (pass) le cap de Morgion et nous

apercevoir
to see

allons l'apercevoir dans un instant à la pointe du promontoire.

aperçoit
sees

Monsieur Morel, qui arrive en ce moment sur le quai Saint-
Jean, aperçoit monsieur Dantès; il s'approche de lui et de ses
compagnons: 10

— Bonjour, monsieur Dantès, lui dit-il cordialement; je suis

que
that
longue
long
revoir
to see again
fils
son
regarde
looks at

sûr que vous êtes, comme moi, très heureux aujourd'hui.

— Oui, monsieur; après cette longue absence, je suis impatient de revoir mon fils. Permettez-moi (permit me) de vous
présenter Mercédès Mondego, la fiancée de mon fils, et Fernand 15
Mondego, son cousin.

Monsieur Morel regarde la jeune fille avec intérêt:

— Ah! dit-il, est-ce que le mariage est décidé?

— Oui monsieur, nous n'attendons plus que[2] le fiancé.

A ce moment, les cris et les exclamations des spectateurs 20
annoncent que le *Pharaon* a doublé (has passed) le promontoire

entre
enters
à côté du
near the

et qu'il entre dans le port.

Le bateau s'approche . . . à côté du pilote, au poste généralement réservé au capitaine, un jeune officier donne, avec une
tranquille assurance, des ordres qui sont exécutés promptement 25
et avec précision. Monsieur Morel regarde le jeune homme
avec surprise et dit à ses compagnons d'un air perplexe:

dirige
directs

— Mais c'est Edmond qui dirige la manœuvre! Où est
donc[3] le capitaine Leclerc?

il monte sur
he goes aboard

Très anxieux, il monte immédiatement sur le bateau et 30
s'approche du jeune officier:

— Bonjour Dantès, dit-il; où est donc le capitaine Leclerc?

pourquoi
why

Pourquoi n'est-il pas à son poste?

mort
dead

— Ah! monsieur, répond Dantès d'un air de profond regret,
le capitaine est mort. 35

[2] **nous n'attendons plus que**   we are only waiting now for
[3] **où est donc**   where in the world is; where is (**Donc** is often
used for emphasis, and in that case can be omitted in English.)

Monsieur Morel le regarde avec consternation:

— Mort! dit-il, quel dommage! (what a pity) Et c'est vous qui l'avez remplacé?   **remplacé** replaced

5 — Oui monsieur; c'est le capitaine lui-même qui m'a demandé de le remplacer.   **lui-même** himself

— Ah?... Et Danglars... il n'a pas protesté?

Dantès répond après un moment d'hésitation:

— Non, monsieur... il a accepté la décision du capitaine ... comme les autres. Mais le voici: il va vous fournir tous les
10 détails du voyage. Excusez-moi, j'ai des ordres à donner.

Danglars s'approche de M. Morel. C'est un individu à la physionomie sombre et morose. Très ambitieux, il désire être un jour capitaine du *Pharaon* et il est très jaloux de Dantès qui a assumé la responsabilité du bateau après la mort du capitaine   **la mort** the death
15 Leclerc.

— Bonjour Danglars, dit M. Morel; je regrette beaucoup la mort du capitaine Leclerc, un si bon capitaine! Mais, ajoute-t-   **un si bon** such a good
il avec enthousiasme, Dantès l'a remplacé admirablement.   **ajoute** adds
C'est un excellent officier et son aptitude pour le commande-
20 ment est remarquable. J'ai l'intention de lui donner la place du capitaine Leclerc.

Une expression de haine passe sur le visage de Danglars.   **haine** hatred
Il s'approche de M. Morel et murmure:

— Monsieur Morel, ne faites pas cela; ce n'est pas prudent.   **ne faites pas cela** do not do that
25 — Pourquoi n'est-ce pas prudent?

— Parce que Dantès est un agent bonapartiste.   **parce que** because

M. Morel regarde Danglars avec stupéfaction:

— Un agent bonapartiste? En êtes-vous sûr?   **en** of it

— J'en suis certain. Edmond Dantès a en sa possession une
30 lettre de Napoléon.[4] Un marin lui a donné secrètement cette   **un marin** a sailor
lettre à l'île d'Elbe. Cette lettre est sûrement pour un conspira-   **l'île** the island
teur de Marseille et si on[5] sait que Dantès a cette lettre il risque
d'être arrêté et vous allez être compromis dans cette affaire.   **si on sait** if it is found out

[4] The story begins in 1815 when Napoleon I was in exile on the island of Elba. He had left many partisans in France who conspired for his return.

[5] The pronoun **on**, frequently used in French, is often expressed in English by *one*, *people*, *they*, or by the passive voice: **on dit**...it is said.

M. Morel est consterné (dismayed). Il appelle Dantès:

— Edmond, lui dit-il, Danglars me dit que vous avez une lettre de l'empereur pour un agent bonapartiste de Marseille. **vrai** Est-ce vrai?
true

Dantès, déconcerté par l'accusation de Danglars, le regarde 5 **il sait** un moment en silence. Il sait que Danglars le déteste et que *he knows* c'est pour l'embarrasser qu'il a révélé l'existence de la lettre à **pour** M. Morel. Finalement, il répond d'un air irrité:
in order to

— J'ai une lettre, il est vrai, mais je ne sais pas pourquoi Danglars s'imagine que c'est une lettre de l'empereur. C'est 10 un marin qui me l'a donnée et il m'a assuré que c'était (that it was) une lettre personnelle.

même — Même si c'est une lettre personnelle, dit sévèrement M. *even* Morel, vous êtes très imprudent. Les communications avec l'île d'Elbe sont interdites (forbidden) en ce moment, et si on 15 sait que vous avez cette lettre, vous risquez d'aller en prison.

personne ... ne — Mais monsieur, proteste Dantès, personne ne sait que j'ai *no one* cette lettre ... personne ... excepté Danglars ... sûrement, il ne va pas dénoncer un camarade!

ne ... rien Danglars ne répond rien ... mais il regarde Dantès avec 20 *nothing* un mauvais sourire.
un mauvais sourire
a malicious smile

Quand les formalités nécessaires sont terminées sur le bateau, les trois hommes descendent sur le quai. Dantès **descendent** s'approche de son père et de sa fiancée qui l'attendent avec *come down* impatience et dit joyeusement: 25
père
father — Bonjour mon père! Bonjour Mercédès!
attendent
are waiting — Edmond, mon cher enfant, dit M. Dantès en embrassant **cher** son fils avec affection.
dear
embrassant Edmond sourit à sa fiancée qui tremble d'émotion:
kissing
sourit — Mercédès ... ma chère Mercédès, murmure-t-il en 30
smiles l'embrassant tendrement.

Fernand regarde les fiancés d'un air sombre. Il est pâle et visiblement jaloux. Danglars remarque son expression:

il aime — Ah! murmure-t-il, Fernand est jaloux de Dantès; il aime sa *he loves* belle cousine et il est évident qu'il déteste son rival... Tiens, tiens! 35
cela (well, well) ... cela me donne une idée, une excellente idée....
that
une idée Et il regarde Dantès avec son mauvais sourire.
an idea

Chapitre II

La dénonciation

Danglars va voir Fernand dans sa petite maison de la rue Meilhan. Quand il arrive, il trouve Fernand sombre et préoccupé. Danglars observe avec intérêt son visage pâle et son air tourmenté.

5 — Bonjour Fernand, dit-il en affectant un air jovial; je viens de rencontrer[1] Edmond et sa fiancée . . . ces chers enfants, ajoute-t-il avec un sourire hypocrite, ils ont l'air si heureux! ah! je les envie. . . .

Une expression de haine passe sur le visage de Fernand, 10 mais il ne dit rien. Danglars continue:

— Vous n'avez pas l'air joyeux aujourd'hui, mon ami; pourquoi cela?

Fernand répond d'un air sombre:

— J'aime Mercédès, mais elle ne m'aime pas; elle me pré-15 fère Dantès, et moi, dit-il avec un geste de fureur (fury), je le déteste!

Danglars voit ce geste de rage avec satisfaction; il s'approche de Fernand et murmure:

---

[1] **je viens de rencontrer** I have just met. Note that **venir de** plus the *infinitive* is expressed in English by *to have just* plus the *past participle.*

voir
to see
rue
street
il trouve
he finds

ils ont l'air
they seem

ami
friend

voit
sees

7

— Edmond Dantès a une lettre . . . une lettre très dangereuse . . . c'est une lettre de Napoléon pour ses amis de France. Si on sait qu'il a cette lettre, il risque d'aller en prison. . . .

aussi bien que
as well as

La prison, ajoute-t-il négligemment, sépare aussi bien que la mort. . . . ⁵

toujours
still

Fernand ne répond toujours rien.

— Personne, continue Danglars de son air insinuant, personne ne sait que Dantès a cette lettre, excepté moi . . . mais je

dire
to say
après tout
after all
il comprend
he understands
ce que
what
alors
then

ne vais rien dire; après tout, Dantès est mon ami. . . .

Fernand est très pâle; il comprend ce que Danglars lui pro- ¹⁰ pose: dénoncer Dantès! Mais il hésite devant cette perfidie . . .

Alors Danglars lui demande avec un sourire ironique:

— Vous êtes invité au mariage? Naturellement c'est vous qui allez donner Mercédès en mariage? elle n'a pas de père et vous êtes son cousin. . . . ¹⁵

encore
still
suit
follows

A l'idée de ce mariage Fernand tremble de haine et de jalousie, mais il hésite encore . . . Danglars, qui l'observe furtivement, suit avec intérêt les mouvements de la passion sur son visage expressif. Il attend en silence. . . .

s'écrie
cries out

Finalement Fernand s'écrie avec violence: ²⁰

— Du papier! de l'encre! je vais dénoncer Dantès à la police; je ne suis pas son ami, moi, je suis son rival, et je vais le séparer de Mercédès pour toujours (forever).

écrit
writes

Danglars lui donne du papier et une plume et Fernand écrit:

procureur du roi
king's attorney

« A Monsieur le Procureur du Roi: ²⁵
Monsieur:
Edmond Dantès, officier sur le bateau le *Pharaon*, est un agent bonapartiste, un conspirateur dangereux. Il a en sa possession une lettre de l'empereur Napoléon pour un membre du comité bonapartiste ³⁰ de Marseille.

Fernand Mondego »

Danglars regarde avec satisfaction la lettre qui va causer la ruine de son ennemi.

encore
yet

— Edmond Dantès, murmure-t-il, n'est pas encore capi- ³⁵ taine du *Pharaon*.

Le jour du mariage de Dantès et de Mercédès, les parents et amis des fiancés vont au café de « La Réserve » où ils sont invités à un beau dîner avant la cérémonie du mariage. Mercédès est charmante dans sa belle robe blanche, et Dantès
5 est très élégant dans son uniforme d'officier de marine.

Les fiancés sont le centre de l'attention générale; heureux et souriants, ils répondent aux compliments qui leur sont adressés. Fernand les regarde d'un air morose; il est très pâle et agité. De temps en temps il va à la porte et regarde furtive-
10 ment dans la rue, mais personne, excepté Danglars, ne remarque son agitation. Enfin Fernand aperçoit une petite troupe qui s'avance vers le café: c'est la police. Quand ils arrivent devant la porte, un des agents de police entre dans le café et demande:
15 — Edmond Dantès! Où est Edmond Dantès?

Edmond s'avance vers l'agent et lui dit:

— C'est moi, monsieur.

— Edmond Dantès, dit l'agent, au nom du roi (in the name of the king) je vous arrête.
20 — Vous m'arrêtez? s'écrie Dantès, et pourquoi?

— Vous êtes accusé d'être un agent bonapartiste; suivez-moi.

Très pâle, Dantès s'avance vers Danglars et lui dit avec indignation:
25 — Est-ce vous, Danglars, qui m'avez dénoncé à la police?

— Non, non, répond Danglars, ce n'est pas moi.

Edmond hésite un moment puis il dit à l'agent:

— Monsieur, je vous assure que je ne suis pas un conspirateur, mais la victime d'une accusation odieuse.
30 Indifférent, l'agent répond:

— Monsieur, j'ai l'ordre de vous arrêter et de vous conduire devant le procureur du roi, c'est tout. Le reste n'est pas mon affaire. Suivez-moi.

M. Morel s'approche d'Edmond:
35 — Mon ami, lui dit-il, ne résistez pas à l'agent de police; il exécute simplement ses ordres. Il va vous conduire devant le procureur du roi à qui vous allez expliquer la situation. Allez, mon ami.

les parents
the relatives

robe blanche
white dress

souriants
smiling

de temps en temps
from time to time

enfin
finally
s'avance vers
is coming toward
agents de police
policemen

suivez-moi
follow me

puis
then

conduire devant
to bring before

à qui
to whom
expliquer
to explain

Edmond dit adieu à son père et à sa fiancée:

— Courage, mon père! courage, Mercédès! je suis sûr de ne pas aller en prison; je vais expliquer au procureur que je suis la victime d'un acte de vengeance et de jalousie.

Il regarde fixement Danglars qui sourit d'un air secrètement triomphant, puis il suit l'agent de police. 5

Chapitre III
Le procureur du roi

Le procureur du roi s'appelle monsieur de Villefort. En
réalité, il s'appelle monsieur Noirtier de Villefort, mais il a
abandonné le nom de Noirtier à cause de son père. Monsieur
Noirtier, père (Sr.) est un bonapartiste ardent, un ennemi du
5 roi Louis XVIII; son fils, au contraire, est un fervent royaliste;
c'est aussi un homme ambitieux qui désire la faveur du roi.
Il ne dit à personne que M. Noirtier est son père; il ne le voit
jamais, il ne lui écrit jamais. Les deux hommes se détestent à
cause de leurs opinions politiques.

10 M. de Villefort est fiancé à mademoiselle de Saint-Méran,
une jeune fille de famille très noble. Les parents de la jeune
fille sont très royalistes et ils ont accepté M. de Villefort parce
que lui aussi est un fervent royaliste, un ennemi de «l'usurpateur.»[1] Ce mariage représente la fortune pour M. de Villefort:
15 non seulement la famille est très riche, mais le marquis de
Saint-Méran a aussi beaucoup d'influence auprès du roi.
L'ambition de M. de Villefort est d'être un jour procureur
du roi à Paris et il voit dans ce mariage le moyen de réaliser
sa secrète ambition.

20 Lorsque la lettre de Fernand lui est parvenue (reached him)
le procureur a donné immédiatement l'ordre d'arrêter

[1] **l'usurpateur**   the usurper (that is, Napoleon)

---

s'appelle
is called

le nom
the name
à cause de
on account of
roi
king
au contraire
on the contrary
jamais
never

famille
family

non seulement
not only
auprès de
with
le moyen
the means
lorsque
when

II

rentrer
to come back

toute
any

contre
against

sauver
to save
quel
what a
recevant
receiving

que
which

soudain
suddenly
pour que
so that
celui-ci
the latter
eh bien!
well

Edmond Dantès. En ce moment, de vagues rumeurs circulent dans Marseille. On dit que l'empereur a l'intention de rentrer en France . . . on parle d'une conspiration organisée par ses partisans pour préparer la restauration de l'empire. Ces rumeurs ont causé beaucoup d'anxiété au roi qui a donné l'ordre d'arrêter toutes les personnes suspectes et a interdit (forbidden) toute communication avec l'île d'Elbe.

L'accusation contre Dantès est si précise et si sérieuse que M. de Villefort a décidé de le questionner lui-même. Si vraiment Dantès a en sa possession une lettre qui prouve l'existence d'une conspiration bonapartiste, le procureur, en arrêtant les conspirateurs, va sauver le gouvernement et son roi. Quel triomphe! Il s'imagine être déjà devant le roi, recevant, avec ses félicitations, les marques de sa gratitude royale.

Lorsque Dantès arrive, M. de Villefort lui dit, en lui montrant la lettre de Fernand:

— Edmond Dantès, vous êtes accusé dans cette lettre d'être un agent bonapartiste et d'avoir en votre possession une lettre de l'empereur.

Edmond examine la lettre que M. de Villefort lui montre. Il est très surpris lorsqu'il voit la signature: Fernand Mondego. Qui a dit à Fernand que Dantès avait (had) cette lettre? et soudain il comprend: c'est Danglars qui a révélé l'existence de cette lettre à Fernand pour que celui-ci, dans sa jalousie, le dénonce à la police! Quelle duplicité de la part de Danglars!

— Eh bien! monsieur, dit M. de Villefort, qu'avez-vous à répondre à cette accusation?

— Monsieur le procureur, répond Dantès, je suis évidemment la victime d'un acte de jalousie; je vous assure que je ne suis pas conspirateur.

— Mais vous avez en votre possession une lettre de Napoléon?

— J'ai une lettre, il est vrai, mais je ne sais pas si c'est une lettre de l'empereur. C'est un marin qui me l'a donnée à l'île d'Elbe.

— A qui cette lettre est-elle adressée?

— Je ne sais pas, monsieur, il n'y a pas d'adresse.

— Pas d'adresse! mais alors, à qui allez-vous la donner?

— Je dois aller aujourd'hui au café de «La Rotonde.» Un homme doit me donner un mot de passe (password).

— Quel mot?

— Ile d'Elbe.

5 — Ile d'Elbe! là où (where) l'empereur est en exil! un mot de passe . . . pas d'adresse sur l'enveloppe . . . toutes ces précautions ne vous ont donc pas donné de soupçons (suspicions)?

— Vous allez dire, monsieur le procureur, que je suis bien stupide, mais la politique n'est pas mon affaire; le marin m'a

10 dit que la lettre contenait (contained) des papiers de famille très importants et j'ai simplement accepté son explication.

— Et qu'allez-vous répondre à la personne qui doit vous donner le mot de passe?

— Je dois lui répondre «Noirtier.»

15 En entendant ce nom odieux de Noirtier, M. de Villefort devient excessivement pâle. Ainsi (so) son père est en communication avec l'île d'Elbe et lui, son fils, va être obligé de donner l'ordre de l'arrêter comme suspect! Quel scandale dans la ville quand on va savoir que le père du procureur du roi

20 est compromis dans une conspiration bonapartiste! M. de Saint-Méran va sûrement refuser de donner sa fille en mariage au fils d'un conspirateur et lui-même, Villefort, va devenir suspect. C'est le déshonneur de son nom et la ruine de ses ambitions personnelles.

25 Dantès regarde M. de Villefort, surpris de son agitation. Le mot de Noirtier semble lui avoir causé une émotion extraordinaire et il est pâle comme la mort. . . .

Le procureur s'aperçoit que Dantès l'observe avec curiosité. Par un violent effort, il redevient calme et impassible. Il

30 regarde attentivement Dantès et lui demande avec une indifférence affectée:

— Que veut dire ce mot[2] «Noirtier»?

— Je ne sais pas, monsieur, répond Dantès avec simplicité.

M. de Villefort est maintenant très calme; il est évident que

35 Dantès ne sait rien. Il répond à toutes les questions avec sincérité et le procureur est sûr de son innocence.

Après un moment de silence, il demande à Edmond:

[2] **que veut dire ce mot**   what is the meaning of this word

je dois + *inf.*
I am to + *inf.*

quel mot?
what word?

bien
very

explication
explanation

en entendant
on hearing
devient
becomes
comme
as a
on va savoir
they find out

devenir
to become

semble
seems

s'aperçoit
notices

— Cette lettre, où est-elle?

— La voici, monsieur.

M. de Villefort examine l'enveloppe; il n'y a pas d'adresse.

il ouvre
he opens
cette fois
this time

Il ouvre la lettre et cette fois il devient livide; la lettre est adressée à «Mon cher monsieur Noirtier» et signée: «Napoléon»! 5

Cette lettre donne les détails précis d'une vaste conspiration pour la restauration de l'empire, et son père est l'agent principal de cette conspiration!

prend
takes
doit
must
sans savoir
without knowing
une feuille
a sheet

M. de Villefort prend soudain une résolution; personne ne 10 doit voir cette lettre et Dantès, qui est sans le savoir en possession d'un secret si dangereux pour le procureur, ne doit pas parler. Il prend une feuille de papier, écrit un ordre, appelle un agent de police et dit en lui donnant la feuille:

— Voici mes ordres; suivez-les exactement. 15

lit
reads
vient d'écrire
has just written
conduisez
take

L'agent lit ce que le procureur vient d'écrire:

«Conduisez le prisonnier immédiatement au Château d'If. Il ne doit voir personne, ne doit parler à personne. C'est un ennemi du gouvernement, un conspirateur très dangereux. 20

Villefort»

L'agent de police s'approche de Dantès et lui dit:

— Suivez-moi, monsieur.

— Où me conduisez-vous? demande Dantès.

L'agent répète simplement: 25

— Suivez-moi.

Dantès s'approche de M. de Villefort.

— Monsieur le procureur, dit-il très anxieux, est-ce qu'on va me mettre en prison?

mettre
to put
sans répondre
without answering
allons!
come!
emmène
takes away
malheureux
unfortunate

M. de Villefort, impassible, le regarde sans répondre. 30

— Allons! répète l'agent impatient, suivez-moi.

Et il emmène Dantès.

Très pâle, le procureur regarde l'agent emmener le malheureux jeune homme. Pour sauver son nom, sa réputation, sa fortune, il vient de condamner un innocent à la prison per- 35 pétuelle (life imprisonment).

Chapitre IV

Le Château d'If

Dantès et l'agent de police passent dans une antichambre.
L'agent fait un signe, et quatre gardes arrivent immédiatement. Ils accompagnent Dantès dans une petite salle et on lui
dit d'attendre là.

5 Dantès attend, très perplexe; l'ordre secret que le procureur
a donné à l'agent de police l'inquiète vaguement et il se
demande ce qu'on va faire de lui.

Enfin l'agent arrive et Dantès, toujours escorté de ses
gardes, traverse un long corridor qui conduit à une petite
10 porte. L'agent l'ouvre avec précaution et regarde dans la rue;
c'est une petite rue tranquille et déserte. Il fait nuit et dans
l'obscurité personne ne peut voir le prisonnier. Dantès est
profondément troublé et se demande pourquoi on prend toutes
ces précautions. . . .

15 La petite troupe s'avance en silence vers le port. Un petit
bateau est là, qui semble les attendre. A la grande surprise de
Dantès, le bateau se dirige vers l'île d'If.

— Le château d'If! murmure-t-il avec inquiétude. Il sait
que le château d'If est une forteresse redoutable que le
20 gouvernement a transformée en prison. Mais dans cette
forteresse, il n'y a ni juges, ni magistrats, seulement un
gouverneur et des gardes. Est-ce qu'on va l'incarcérer sans
jugement? Impossible!

fait
makes

là
there

inquiète
worries
il se demande
he wonders
faire
to do
conduit
leads
il fait nuit
it is night
peut
can

se dirige vers
goes toward

ni . . . ni
neither . . . nor
seulement
only

15

Le bateau s'approche de l'île; dans la nuit, la masse sombre du château d'If semble plus formidable encore et l'inquiétude de Dantès se change **maintenant** en véritable terreur. Les gardes descendent du bateau avec leur prisonnier et se dirigent vers la prison. La porte s'ouvre et on conduit Dantès devant le gouverneur. L'agent montre à celui-ci l'ordre de M. de Villefort. Le gouverneur le lit, regarde Dantès avec curiosité et fait un signe: les gardes **sortent** et le gouverneur **reste seul** avec Dantès:

— Votre nom? demande-t-il.

— Edmond Dantès.

— Votre âge?

— Dix-neuf ans (19 years old).

— Votre profession?

— Marin.

— Votre adresse?

— 26, rue Meilhan.

Le gouverneur écrit tout cela sur une feuille de papier, puis il appelle un garde:

— Conduisez ce prisonnier au **cachot** n° 34, dit-il.

Dantès regarde le gouverneur avec stupéfaction:

— Monsieur, dit-il, il doit y avoir (there must be) une erreur; sûrement **on ne met pas** les accusés en prison sans jugement?

Le gouverneur le regarde un moment, le visage impassible, puis il dit:

— Monsieur, vous êtes accusé d'être un conspirateur dangereux, un ennemi du gouvernement, et pour ces crimes il n'y a pas de jugement public.

— Mais monsieur, je suis innocent.

— Ce n'est pas l'opinion du procureur du roi qui vous représente comme un criminel dangereux.

Dantès proteste, mais le gouverneur, impatient, fait un signe. Deux gardes emmènent le malheureux Dantès et **on l'enferme** dans un cachot.

La **première** nuit dans ce cachot est terrible. Dans un violent accès de fureur (fit of fury), Dantès crie, menace,

maintenant *now*

sortent *leave*
reste seul *remains alone*

cachot *cell*

on ne met pas *you do not put*

on l'enferme *they lock him up*

première *first*

implore, mais personne ne semble entendre ses cris et ses menaces. La porte de son cachot est comme la porte d'une tombe.

Après une nuit qui semble interminable au malheureux
5 Edmond, la porte s'ouvre et un garde entre avec la soupe du prisonnier. Pâle et hagard, Dantès lui dit:

— Je veux voir le gouverneur.

— Monsieur, les prisonniers ne parlent pas au gouverneur.

— Mais, s'écrie Dantès, je ne veux pas rester enfermé dans
10 ce cachot; je vous dis que je suis innocent, entendez-vous?

Le garde, indifférent, ne répond rien.

Devant cette indifférence qui lui semble monstrueuse, Dantès s'approche du garde, furieux:

— Je veux voir le gouverneur, répète-t-il, exaspéré. Je suis
15 innocent; je veux sortir de ce cachot. Je veux des juges, des magistrats, je demande justice! je suis innocent ... innocent....

Alarmé par cette violence, le garde lui dit:

— Pourquoi n'écrivez-vous pas une lettre au gouverneur? Je peux vous donner une plume et du papier.

20 Cette idée semble calmer le prisonnier; il écrit une longue lettre au gouverneur pour protester de son innocence et demander justice. Le garde prend la lettre, mais il ne la donne pas au gouverneur; il sait fort bien (very well) que le gouverneur ne lit jamais les lettres que les prisonniers lui
25 écrivent.

Dantès attend avec impatience la réponse du gouverneur; mais les jours succèdent aux jours et la réponse ne vient pas. Dantès comprend alors qu'il doit abandonner tout espoir de sortir de prison.

30 Alors il redevient violent et furieux; toute la journée, il tourne dans son cachot comme un animal en cage. Il crie, il menace, il blasphème horriblement. Le garde entend ces imprécations et ces blasphèmes avec le plus grand calme: tous les prisonniers sont ainsi durant la première période de leur
35 captivité.

Enfin, après de longs jours de violence et de désespoir, Dantès se calme et tombe dans une profonde apathie. Sombre et préoccupé, il reste à la même place, sans mouvement,

je veux
I want

sortir
to get out

n'écrivez-vous pas
don't you write
je peux
I can

la réponse
the answer
ne vient pas
does not come
tout espoir
all hope
toute la journée
the whole day long
il tourne
he turns
le plus grand
the greatest
ainsi
thus
désespoir
despair
tombe
falls
même
same

[handwritten margin note, top left: guard is concerned ne will die of hunger but he doesn't care]

[handwritten margin note, top right: →apathetic; looks @ food but doesn't see it]

comme absorbé en lui-même. Lorsque le garde entre avec son dîner, Dantès le regarde sans le voir, indifférent. Il ne lui parle pas, ne touche pas à la soupe que l'on met devant lui. Le garde qui n'est pas un méchant homme lui dit:

méchant
ill-natured
mangez
eat

— Allons! mangez donc votre soupe ou vous allez mourir 5 de faim (die of hunger).

mourir
to die

— Mourir! murmure Dantès, c'est tout l'espoir qui me reste.

— Ne parlez pas ainsi, dit le garde; qui sait? il est possible

accorde
grant

qu'un jour on vous accorde un pardon. *[→ to bring together]*

Cette idée de pardon semble (galvaniser) Dantès. Pourquoi 10

jamais pensé
never thought

n'y a-t-il jamais pensé? Après tout, il a des amis. . . . M. Morel va certainement s'inquiéter de sa disparition . . . il est riche, il a de l'influence auprès des autorités. . . . Il peut demander une investigation, prouver que Dantès est en prison sans jugement; dans ces circonstances, il est très possible qu'on 15 lui accorde un pardon. . . .

si jamais
if ever
je sors
I get out

— Ah! s'écrie-t-il, si jamais je sors de prison!

Il pense alors à la terrible vengeance qu'il réserve à ses ennemis, à ces trois hommes qui sont la cause de sa ruine et

malheur
misfortune
vivre
to live

de son malheur. Ce désir de vengeance semble lui redonner 20 du courage. Il ne veut plus mourir; il veut vivre, vivre pour le jour de la revanche (revenge).

[handwritten note at bottom: ↓AM! he's all like... I've still got M. Morel on my side & I will FUCK DANGLARS UP]

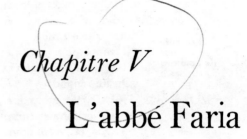

he's not educated so doesn't have imagination to escape to

Chapitre V

L'abbé Faria

6yrs pass..

Six ans se passent; six longues années qui semblent une
éternité à Dantès. Dans l'obscurité de son cachot il ne peut
rien faire. Homme simple et sans éducation, il n'a pas les
ressources d'une riche imagination, la seule source de distrac-
5 tions possible dans la solitude de sa prison. Il passe son temps
à méditer ses projets de vengeance. Son visage est maintenant
un masque de granit qui ne montre rien des terribles passions
qui agitent son cœur. Sa vengeance est devenue une idée fixe;
il vit avec elle jour et nuit; elle le tourmente, elle le torture,
10 mais elle lui donne aussi le courage de vivre.

Planned one idea 4 revenge

Une nuit, il entend un bruit sourd (muffled) derrière le mur
de son cachot; le bruit devient plus distinct, semble se rapprocher. . . . Qui fait ce bruit? un garde? un prisonnier?
Edmond frappe contre le mur . . . on n'entend plus rien. Ce
15 doit être un prisonnier: il s'est arrêté en entendant frapper.
Dantès frappe alors une fois, deux fois, trois fois . . . il attend;
on frappe une fois, deux fois, trois fois . . . on a répété son
signal! C'est un prisonnier qui répond!

Dantès écoute, paralysé par l'émotion . . . le bruit continue
20 maintenant à intervalles réguliers. . . .

friend through frappe

ans, années
years

la seule
the only
il passe
he spends

cœur
heart
est devenue
has become
il vit
he lives
un bruit
a noise
le mur
the wall
frappe
knocks
s'est arrêté
has stopped

une fois, deux fois
once, twice

écoute
listens

19

Edmond Dantès est en prison depuis six ans.[1] Il a passé toutes ces années dans une solitude absolue, sans jamais voir un visage ami, sans communiquer avec personne. On comprend donc sa joie à l'idée qu'un prisonnier, un ami, est là, de l'autre côté du mur.   5

Il frappe de nouveau et appelle:

— Qui est là? Parlez! Qui êtes-vous?

On lui répond:

— Un malheureux prisonnier. Et vous, qui êtes-vous?

— Un prisonnier comme vous.   10

— Quel est votre nom?

— Edmond Dantès.

— Votre nationalité?

— Français.

— Depuis quand êtes-vous[2] en prison?   15

— Depuis 1815. *dix-huit cent quinze*

— Quel est votre crime?

— Je suis innocent.

— Mais de quoi vous accuse-t-on?

— D'avoir conspiré contre le roi . . . d'être un agent 20
bonapartiste.

— Un agent bonapartiste! Napoléon n'est donc plus empereur de France?

— Non, Napoléon est maintenant en exil à l'île d'Elbe et Louis XVIII est roi de France. Mais vous-même, depuis 25
quand êtes-vous en prison?

— Depuis 1811.

— Quel est votre nom?

— L'abbé Faria.

— De quoi êtes-vous accusé?   30

— D'avoir conspiré contre Napoléon.

Après un moment de silence, l'abbé Faria continue:

— Attendez; nous ne sommes plus séparés que par une grosse pierre. Je vais l'enlever et nous allons nous voir.

L'abbé enlève la pierre et pénètre dans le cachot de Dantès. 35

[1] **Dantès est en prison depuis six ans.** Dantès has been in jail for six years.

[2] **Depuis quand êtes-vous** how long have you been

Marginal glosses (left column):

donc therefore
côté side
de nouveau again

depuis since

de quoi of what

donc then

vous-même yourself

une grosse pierre a big stone
enlever to remove
nous each other

Handwritten annotations:
they met face-to-face!
dix-huit
weird they have
opposite
crimes

Edmond est si heureux qu'il embrasse le prisonnier comme un
père et pleure de joie en le regardant. Celui-ci, surpris de le
voir si jeune, le regarde avec compassion.

    L'abbé Faria est un vieillard vénérable. Sur son visage
5 grave et sévère on peut voir les marques des souffrances
(sufferings) et des privations qu'il a endurées pendant les
longues années de sa captivité. Il sourit à Edmond et lui dit:

    — Racontez-moi votre histoire.

    — Mon histoire est très simple, répond Dantès. Je suis en
10 prison à cause de trois hommes qui m'ont persécuté. Je suis la
victime de leurs machinations. Un homme a révélé l'existence
d'une lettre pour prendre ma place de capitaine; l'autre m'a
dénoncé pour me prendre ma fiancée; et le procureur du roi,
pour une raison que j'ignore, m'a condamné sans jugement.
15 On m'a arrêté le jour même de mon mariage; depuis, je ne
sais rien. J'ai un père, un vieillard comme vous, dit-il en
souriant avec affection à l'abbé Faria; je suis sûr qu'il m'attend
toujours. J'avais une belle fiancée . . . m'attend-elle encore,
elle aussi? je l'ignore. Je ne sais pas depuis combien d'années
20 je suis en prison mais il me semble que j'y suis depuis une
éternité.

    — Et que faites-vous pour passer le temps? lui demande
l'abbé.

    — Rien.
25   — Le temps semble long quand on ne fait rien.

    — Oh! dit Dantès, je passe mon temps à penser.

    — Et à quoi pensez-vous? dit le vieillard en souriant.

    — A la vengeance, répond Dantès d'un air sombre.

    L'abbé ne sourit plus; un moment il regarde Dantès d'un
30 air grave, puis il dit:

    — Venez avec moi dans mon cachot; je vais vous conduire.

    L'abbé passe le premier dans le passage qui conduit à son
cachot.

    — C'est vous qui avez creusé ce passage? s'écrie Dantès
35 émerveillé (amazed). Depuis quand y travaillez-vous?[3]

    — Depuis cinq ans.

    [3] **Depuis quand y travaillez-vous?** How long have you been
working at it?

glossary (right margin):
pleure weeps
un vieillard an old man
pendant during
racontez-moi tell me
histoire story
prendre to take
j'ignore I do not know
le jour même the very day
depuis since then
j'avais I had
combien de how many
y there
que faites-vous what do you do
venez come
creusé dug
travailler to work

— Mais avec quoi avez-vous creusé?

— Avec cela, répond l'abbé Faria.

Et il montre à Dantès un instrument très ingénieux.

— Qui vous a donné cet instrument?

moi-même myself — Personne. Je l'ai fait moi-même avec une des barres de 5
lit bed fer (iron bars) de mon lit.

— Quelle ingéniosité! s'écrie Dantès et quelle patience admirable!

choses things — Oh! dit l'abbé, j'ai fait beaucoup d'autres choses. Elles
sous under sont sous mon lit. Regardez! 10

L'abbé enlève une pierre et dit:

— Voici du papier, de l'encre, des plumes, et même de la
étudié studied chandelle (candle). J'ai étudié la chimie (chemistry), ajoute-t-
il en souriant, et à l'aide de cette science on peut faire beaucoup
de choses. 15

Dantès le regarde avec admiration.

vie life — Toute ma vie, continue Faria, j'ai beaucoup travaillé et
beaucoup étudié. Je sais l'anglais, le français, l'italien, et le
latin. J'ai aussi étudié les sciences, la littérature et la philosophie. 20

— Et moi, dit Dantès, je ne sais rien. Je suis un simple
marin sans éducation; je sais lire et écrire et c'est tout.

lire et écrire to read and write — Eh bien! propose l'abbé, voulez-vous apprendre ce que
voulez-vous do you want je sais? Voulez-vous être mon élève?
apprendre to learn — Si je le veux! s'écrie Dantès avec joie; oh! oui, de tout 25
mon cœur. Je veux apprendre tout ce que vous savez.

Le bon abbé sourit de l'enthousiasme de Dantès:

tout everything — Tout, dit-il, c'est beaucoup, mais le temps passe rapidement lorsqu'on travaille. Écoutez; voici ce que nous allons
dormir to sleep faire: pendant le jour nous allons dormir, et la nuit pendant 30
pendant que while que les gardes dorment vous viendrez (you will come) dans
mon cachot étudier avec moi.

— Oh! merci, monsieur l'abbé, dit Dantès.

Et tout joyeux (overjoyed) il rentre dans son cachot. Il
remet la pierre en place, met son lit devant, et quand le 35
garde entre avec sa soupe, Dantès est sur son lit et semble
dormir.

tiens! well! — Tiens! dit le garde, vous avez changé votre lit de place?

— Oui, dit Dantès, je le préfère contre ce mur; il me semble que j'ai plus d'air.

Le garde accepte son explication d'un air indifférent et se retire sans faire d'objections, à la grande satisfaction de Dantès.

Chapitre VI

Le secret de l'abbé Faria

studies every night w/ → (handwritten)

toutes les nuits
every night

Toutes les nuits, Dantès va régulièrement dans le cachot de l'abbé Faria étudier avec lui. Très attentif et très intelligent, il fait des progrès rapides. Il veut tout étudier: les langues (languages), les sciences, les mathématiques, la littérature. Il

il apprend
he learns
bien
well
depuis que
since

apprend à parler avec élégance et distinction; il apprend aussi 5 à bien penser. Sa captivité ne lui semble plus aussi intolérable depuis que son intelligence se développe sous la direction d'un homme comme Faria.

manières
manners
au bout de
at the end of
monde
world
plus rien
nothing more
apprendre
to teach

becomes a man old world (handwritten)

L'abbé est un homme de grande distinction, et instinctivement Dantès imite son élégance et ses bonnes manières. Au 10 bout de cinq ans la transformation d'Edmond est complète. Le jeune marin simple et ignorant est devenu un homme du monde, aux manières gracieuses et élégantes, à l'air noble et aristocratique. L'abbé le regarde avec fierté (pride) et dit:

— Mon cher Edmond, je n'ai plus rien à vous apprendre; 15 votre éducation est complète.

Puis il ajoute d'un air grave:

est venu
has come

— Et maintenant le moment est venu de vous dire un secret.

— Un secret? s'écrie Edmond avec surprise, vous avez un secret? 20

partager
to share
vieux
old

— Oui mon enfant, et j'ai décidé de le partager avec vous. Je suis vieux; j'ai maintenant abandonné tout espoir de sortir *you'll get out someday / you're young / & have riches / to look / forward / to*

de prison; mais vous . . . vous êtes jeune . . . qui sait? il est possible qu'un jour les portes de la prison s'ouvrent devant vous . . . eh bien! dit-il en regardant Edmond avec affection, ce jour-là vous serez (you will be) non seulement libre, mais
5 riche. . . .

Il s'approche du jeune homme et murmure:

—Je sais où il y a un trésor, un trésor immense. . . .

—Un trésor? s'écrie Edmond, incrédule, et où cela? (where?)

10 —C'est une longue histoire, dit le vieillard; écoutez donc:

Je vous ai déjà dit qu'autrefois j'étais le secrétaire et l'ami du cardinal Spada, le dernier des princes de ce nom. A sa mort, le cardinal m'a légué (bequeathed) sa bibliothèque (library), une bibliothèque magnifique de quinze mille
15 (15.000) volumes. Très heureux, je me suis mis (I set out) immédiatement à examiner et à cataloguer cette énorme bibliothèque.

Un jour, je trouve un vieux manuscrit avec des miniatures superbes. Enchanté, je l'examine feuille par feuille quand je
20 vois que deux feuilles sont collées ensemble (stuck together). Je les sépare aussi délicatement que possible et je trouve entre les deux pages un vieux document. L'encre est si pâle que c'est avec la plus grande difficulté que je peux lire ce qui est écrit. Imaginez ma surprise et ma joie quand je vois que c'est
25 un testament, le testament d'un marquis de Spada, daté de 1499. Ce document, je vais vous le montrer; c'est ma plus précieuse possession. Regardez: il est écrit en italien. Lisez:

Lentement et avec difficulté, Dantès lit:

vingt-cinq

« Aujourd'hui ce 25 mai 1499, je déclare par ce
30 testament que je lègue (bequeath) à mon fils Guido toute ma fortune qui consiste en un trésor caché dans une grotte de l'île de Monte-Cristo. Cette grotte est située au centre de la petite baie au Nord-Est (N.E.) de l'île, directement sous le plus
35 gros rocher.

A Milan, ce 25 mai 1499.

César Spada»

quatre cent quarante-vingt dix neuf

oh shit! the treasure of César Spada

---

ce jour-là that day
libre free

un trésor a treasure

autrefois formerly
j'étais I was
le dernier the last
quinze fifteen

une feuille a leaf

entre between

?

lisez read
lentement slowly
par by

caché hidden

rocher rock

— Notez la date, dit Faria, mai 1499. En octobre de la même année, les troupes françaises ont occupé et ravagé la ville de Milan. Il est probable que c'est en prévision de cette invasion que César Spada a décidé de cacher ses trésors à Monte-Cristo.   5

Guido Spada est mort pendant le siège de la ville, et le père, en apprenant la mort de son fils, a été frappé d'une attaque d'apoplexie. Les héritiers (heirs) n'ont jamais trouvé le testament du vieux Spada, ni ses trésors. Le beau manuscrit, avec le testament caché entre ses feuilles, est resté en possession de   10
la famille, mais personne n'a jamais eu (never had) la curiosité d'ouvrir le livre et de regarder entre ses pages. Le cardinal Spada est mort sans héritiers (heirs) et le trésor est maintenant à celui qui le trouve. . . .

— Mais qu'est-ce qui vous fait croire[1] que le trésor est en-   15
core là? Êtes-vous allé à Monte-Cristo pour vous en assurer?

— Non, parce que le jour même où j'ai trouvé le testament, on m'a arrêté comme conspirateur.

— Et vous êtes sûr que personne n'a trouvé le trésor?

— C'est possible, mais je ne le crois pas. L'île de Monte-   20
Cristo est toute petite et déserte. Personne n'y va jamais; il n'y a pas une maison, pas un habitant; et puis . . . le trésor doit être bien caché. Quand on cache un trésor de cette importance, on prend des précautions. C'est un trésor immense; la famille Spada était une des plus riches familles d'Italie;   25
le trésor vaut (is worth) probablement plus de quinze millions.

— Quinze millions! répète Dantès, quinze millions!

— Oui, mon enfant, et si jamais vous êtes libre, ces quinze millions sont à vous.

— A moi! murmure Dantès; quinze millions! avec cette   30
fortune tout doit être possible. . . . Oh! si jamais je sors de prison, avec ces quinze millions, la vengeance est à moi.

— Que dites-vous, mon enfant? dit le bon abbé d'un air de reproche. Quoi! vous avez toujours dans votre cœur vos pensées de vengeance?   35

— Toujours, répond Dantès avec une sombre énergie, toujours!

[1] **qu'est-ce qui vous fait croire**   what makes you believe

la ville *the town*

en apprenant *on learning* **a été frappé** *was struck*

ouvrir *to open*

est à celui *belongs to the one*

êtes-vous allé *did you go* **où** *when*

je ne crois pas *I do not think so* **toute** *very*

plus de *more than*

sont à vous *are yours* **à moi** *mine*

que dites-vous? *what do you say?* **pensées** *thoughts*

— Edmond, dit l'abbé d'un air grave, si Dieu vous donne   **Dieu**
un jour la liberté et la fortune ce n'est pas pour faire de vous un   God
instrument de vengeance....

    Mais Dantès ne l'entend plus; le visage convulsé de haine,
5 l'air implacable et cruel, il regarde fixement devant lui et
semble perdu dans ses terribles pensées de vengeance.   **perdu**
    lost

he's lost in his thoughts of vengence

Chapitre VII

L'évasion[1]

Une nuit, Dantès, entrant dans le cachot de Faria, le trouve étendu sur son lit, le visage livide, la respiration haletante (panting). Il veut appeler au secours, mais l'abbé l'arrête d'un geste :

étendu
lying
appeler au secours
to call for help

— Silence, mon enfant, dit-il. Si vous appelez, comment 5 allez-vous expliquer votre présence dans ce cachot ? Le secret du passage va être révélé et on va nous séparer. N'appelez personne, Edmond ; si je dois mourir, je veux mourir près de vous.

comment
how

près de
near

— Mais, proteste Dantès, je ne peux pas vous laisser mourir 10 ainsi sans secours !

laisser
let

L'abbé secoue la tête :

— Il n'y a plus d'espoir, dit-il.

secoue la tête
shakes his head

Dantès, navré (heartbroken) reste près de son ami. Toute la nuit, il suit avec angoisse (anguish) les progrès rapides de 15 son agonie. Enfin, vers le matin, l'abbé, après une dernière convulsion, retombe, immobile, sur son lit.

vers le matin
toward morning

En quelques heures, Dantès a perdu son ami, son compagnon, son père.

quelques heures
a few hours
a perdu
has lost
vont venir
are coming

Mais les gardes vont venir et le malheureux Edmond est 20 obligé de rentrer dans son cachot. Étendu sur son lit, le visage

[1] **L'évasion** the escape

contre le mur, il ne tourne même pas la tête quand le garde entre avec son déjeuner. Celui-ci le regarde un moment, semble hésiter et finalement lui dit:

— Le n° 27 est mort la nuit dernière; un pauvre abbé du nom de Faria.

— Ah! dit Dantès, incapable d'articuler un mot, ah!

Le garde ajoute d'un air important:

— C'est moi qui l'ai trouvé ce matin quand je suis entré avec son déjeuner. Le gouverneur est maintenant dans son cachot avec le médecin. . . .

Le prisonnier ne répond rien; le garde, vexé de ce manque (lack) d'intérêt, sort en fermant la porte avec bruit (noisily).

Il ne va pas revenir avant six heures. Dantès peut donc retourner dans le passage. Il se place contre la pierre et écoute. Quelques personnes sont dans le cachot de Faria; il entend la voix du gouverneur qui demande au médecin:

— Eh bien! docteur?

Un silence . . . il est évident que le médecin examine Faria.

— Il est mort, dit-il enfin.

— De quoi est-il mort?

— D'une attaque cardiaque, probablement.

Le gouverneur donne alors quelques ordres, puis il sort en compagnie du médecin et des gardes. Dantès entend le bruit d'une porte qui se referme, puis plus rien . . . il attend encore quelques instants pour être sûr qu'il n'y a plus personne . . . il enlève alors la pierre avec précaution, entre dans le cachot et s'approche de son ami. . . .

Un moment, il contemple en silence cette physionomie si chère, maintenant calme et sereine dans le repos de la mort, et, pour la première fois depuis qu'il est en prison, il se tourne vers Dieu et prie.

Il reste ainsi longtemps à prier et à méditer; les heures passent . . . il semble perdu dans ses sombres pensées. . . . Tout à coup, il entend un bruit de voix dans le corridor . . . vite il rentre dans le passage qu'il referme en toute hâte, mais il reste derrière la pierre pour écouter la conversation.

— Où est le sac? demande un garde.

— Le voici, répond un autre.

déjeuner breakfast
pauvre poor
le médecin the doctor
fermant closing
six heures six o'clock
la voix the voice
prie prays
longtemps a long time
tout à coup suddenly
vite quickly

after everyone leaves he goes back in

Un long silence. . . .

— Est-ce fini? demande le premier garde.

— Oui, dit l'autre, le pauvre abbé est dans le sac; il ne reste plus qu'à attacher le boulet (cannon ball).

— Quand va-t-on le jeter à la mer?   5

— Le gouverneur a donné l'ordre pour ce soir, à dix heures.

— Est-ce que je dois rester dans ce cachot?

— Ce n'est pas nécessaire; nous n'avons qu'à fermer la porte.

Les gardes sortent. Dantès rentre dans son cachot. Il passe 10 le reste de la journée à pleurer et à se lamenter. La mort de l'abbé l'a plongé dans un sombre désespoir. Que va-t-il faire maintenant que son ami n'est plus là pour lui donner le courage de vivre? Et, de nouveau, des idées de suicide reviennent le hanter (haunt him). Il se rappelle avec horreur les 15 premières années de sa captivité. Est-il donc condamné à retomber dans cet enfer (hell)? Non, mille fois non, la mort est préférable; la mort seule peut le délivrer, et puisque les morts seuls sortent du château d'If . . . à ces mots, il s'arrête, frappé d'une idée soudaine . . . si les morts seuls sortent du 20 château d'If . . . pourquoi ne pas prendre la place de Faria?

Il examine cette idée audacieuse, et plus il l'examine, plus elle lui semble possible. Puisqu'on jette les morts à la mer, il a une chance sur cent de réussir, et c'est le seul moyen de jamais sortir de cette prison.   25

Il n'y a pas une minute à perdre; les gardes vont bientôt revenir enlever le cadavre. Dantès entre dans le cachot de Faria; en un instant, il ouvre le sac, transporte le cadavre dans le passage et remet la pierre en place. Il prend le couteau (knife) de Faria et se met dans le sac qu'il referme aussi bien 30 que possible. Puis, le cœur tremblant, il attend. . . .

Bientôt il entend le bruit des gardes dans le corridor. La porte s'ouvre; un garde s'approche du sac et attache un boulet (cannon ball) aux pieds de Dantès. Deux gardes soulèvent Dantès, rigide comme un mort, et le transportent sur le mur 35 extérieur de la prison. On entend le bruit de la mer au pied des murs. . . .

Les gardes balancent (swing) le sac . . . un . . . deux . . .

Marginal glosses (left):

fini — over

jeter à la mer — to throw into the sea
ce soir — this evening

reviennent — come back
il se rappelle — he remembers

mille fois — a thousand times
puisque — since
les morts — the dead
frappé — struck
plus . . . plus — the more . . . the more

cent — a hundred
réussir — to succeed
bientôt — soon

pieds — feet
soulèvent — lift

he cut out with a knife & is swimming in the ocean alone

he is swimming vigorously from joy but tired now

trois . . . et le jettent à la mer. Le sac tombe avec rapidité. Sans
perdre un instant, Dantès ouvre le sac avec son couteau (knife)
et réussit à remonter à la surface. Il se met alors à nager **il se met à nager**
sans bruit . . . dans la nuit, personne ne peut le voir. Les gardes he starts to swim
5 sont rentrés dans la prison et Dantès est maintenant seul, **sont rentrés**
perdu dans l'obscurité, un point sur la mer immense. have gone back

Dantès nage vigoureusement. Libre! il est libre! et dans
sa joie, il nage avec enthousiasme. Sa première pensée est de
mettre la plus grande distance possible entre lui et le château
10 d'If. Il n'est pas encore hors de danger, mais dans les premiers **hors de**
moments de joie, il ne pense pas aux difficultés qui l'attendent. out of

Les heures passent . . . Dantès nage toujours, mais sa fatigue
devient de plus en plus grande. Un moment vient où il lui **de plus en plus**
semble qu'il ne peut plus faire un mouvement. Va-t-il donc more and more
15 mourir au moment de réussir ?

Il fait jour maintenant et Dantès regarde avec anxiété **il fait jour**
l'immense surface pâle de la mer. Tout à coup, il aperçoit à it is daylight
l'horizon un petit bateau qui semble s'approcher. Retrouvant
tout son courage, Dantès se remet à nager avec l'énergie du
20 désespoir. Le bateau se rapproche . . . Dantès appelle . . . Oh!
joie, on l'entend, on l'aperçoit, on se dirige vers lui. . . .

Edmond fait un dernier effort, mais il ne peut plus avancer.
Un des marins du bateau se jette alors à la mer, nage vers lui,
et au moment où Dantès va disparaître, le marin le saisit. . . . **disparaître**
25 Sauvé! . . . il est sauvé! to disappear
saisit
seizes

He is SAVED BY THE BELL! jk... a sailman

Chapitre VIII

A bord de la *Santa Lucia*[1]

un peu de
a little
les yeux
his eyes

On transporte Dantès sur le bateau et on lui donne un peu de rhum pour le ranimer (revive him). Il ouvre les yeux lentement. Un petit groupe de marins s'est approché de lui et on le regarde avec sympathie et curiosité.

Le capitaine, un géant vigoureux et bronzé, lui demande en italien : 5

— Qui êtes-vous ?

je vous dois
I owe you
remercie
thank
ne parlons pas
let us not talk

— Je suis, répond Dantès en bon italien, un marin de Malte. Notre bateau a sombré (sank) la nuit dernière sur les rochers près de l'île d'If. Tous mes camarades sont morts. Je suis le 10 seul qui reste. Je vous dois la vie, ajoute-t-il en regardant le capitaine avec gratitude, et je vous remercie.

— C'est bon, c'est bon (never mind), dit le capitaine, ne parlons pas de cela ; la question est maintenant de savoir ce que nous allons faire de vous. 15

je connais
I know
si vous avez besoin
if you need

— Je suis un bon marin, dit Dantès, et je connais très bien la Méditerranée. Si vous avez besoin d'un bon pilote . . .

semaine
week
s'il doit
if he ought to

— J'ai certainement besoin d'un pilote pour remplacer ce pauvre Beppo qui est mort la semaine dernière, mais . . .

Il regarde Dantès, incertain s'il doit continuer. . . . L'air 20 simple et honnête de Dantès le décide à parler :

[1] On board the *Santa Lucia*

32

do what they WANT w/ their shit

— Eh bien! voilà, dit-il. Mes camarades et moi, nous faisons (we are engaged in) un petit commerce entre la France et l'Italie, un commerce très lucratif, seulement, ajoute-t-il en riant, nous ne déclarons jamais nos marchandises au gouverne-
5 ment français ou italien, comprenez-vous?

— Parfaitement, dit Dantès, en riant aussi; vous êtes d'honnêtes contrebandiers. Eh bien! si vous avez besoin de mes services, je vais me faire (I will become) contrebandier, moi aussi.

they smuggle stuff

10 Le capitaine consulte des yeux les autres marins qui approuvent d'un signe de tête, et Dantès devient le pilote de la *Santa Lucia*.

Un marin s'approche d'Edmond avec quelques vêtements:
— Acceptez ces vêtements, camarade, dit-il, vous en avez
15 besoin.

Très touché de cette générosité, Edmond lui répond:
— Merci, mon ami; quel est votre nom?
— Jacopo, répond le marin, à votre service. C'est moi qui vous ai repêché (fished out) il y a un instant, ajoute-t-il en
20 riant.

— Ah! dit Dantès, c'est vous qui m'avez sauvé? En ce cas, je vous remercie une seconde fois.

— Bah! dit Jacopo, un jour pour l'un, un jour pour l'autre; n'en parlons plus. En attendant, je vais vous apporter quelque
25 chose à manger.

Un moment après, Jacopo revient avec le déjeuner de Dantès. Tout à coup, on entend le canon du château d'If. Dantès lève la tête et devient très pâle.

— Tiens! dit le capitaine, le canon d'alarme. Un prisonnier
30 s'est échappé (has escaped) du château d'If.

a canon "a prisoner" signals escaped le château d'If

Il regarde attentivement Dantès, qui, voyant qu'on l'observe, continue de manger sans perdre son calme.

— Bah! se dit le capitaine, même si c'est lui, ce n'est pas mon affaire. Je ne suis pas Français et j'ai besoin d'un bon pilote.
35 Puis, voyant que Dantès est mort de fatigue, il lui dit d'aller dormir quelques heures. Jacopo le conduit à sa cabine; Dantès se laisse tomber dans un hamac (hammock) et bientôt il dort profondément.

→ capitaine didn't care

drops

soundly

---

en riant
laughing

comprenez-vous?
do you understand?
parfaitement
perfectly
contrebandiers
smugglers

d'un signe de tête
with a nod

vêtements
clothes

il y a un instant
a moment ago

en attendant
meanwhile
apporter
to bring
quelque chose
something
lève
raises

voyant
seeing

se laisse tomber
drops
profondément
soundly

Il dort encore quand Jacopo entre dans sa cabine quelques heures après avec son dîner. Dantès mange de bon appétit, puis il demande à Jacopo de lui apporter des ciseaux (scissors) et un rasoir (razor). Il fait sa toilette, coupe ses longs cheveux, sa longue barbe et met les vêtements que Jacopo lui a donnés. 5 Quand il a fini sa toilette, Jacopo le regarde avec la plus grande satisfaction:

— A la bonne heure! (good!) dit il, maintenant vous avez tout à fait l'air d'un honnête contrebandier. *LOL3*

Et il rit de bon cœur. 10

Dantès lui demande soudain:

— Jacopo, mon ami, quelle est la date aujourd'hui?

— C'est aujourd'hui le 28 septembre 1829. *dix huit cent vingt-neuf*

— Merci, dit Dantès.

Il tombe alors dans une profonde rêverie.... 15

1829! Dantès est donc resté en prison quatorze ans! Il est entré au château d'If à l'âge de dix-neuf ans; il a maintenant trente-trois ans.

Que s'est-il passé pendant ces quatorze ans? qu'est devenu son pauvre père? et Mercédès . . . l'attend-elle encore? 20

Alors sa pensée se tourne vers les trois hommes qui sont responsables de sa longue et cruelle captivité. Une expression de haine implacable passe sur son visage. Il se répète le serment (oath) de vengeance qu'il a prononcé dans sa prison, et ce serment n'est plus une vaine menace: il est libre main- 25 tenant, et demain, si Dieu le veut (God willing) il va être riche, fabuleusement riche!

Il y a maintenant six semaines que Dantès est[2] le pilote de la *Santa Lucia*. Les marins continuent leur commerce de contre- bande et Dantès travaille avec eux de bon cœur. Cependant, 30 il n'a qu'une pensée, qu'un désir: se rendre à Monte-Cristo aussitôt que possible, et il attend avec impatience qu'une occasion se présente. Mais ce n'est pas chose facile: l'île est déserte et les bateaux n'y vont jamais.

Un matin que, pour la centième fois, Dantès se demande 35

[2] **il y a maintenant six semaines que Dantès est** for six weeks now, Dantès has been

---

Marginal glosses (left column):

coupe cuts
cheveux hair
barbe beard

tout à fait quite
il rit de bon cœur he laughs heartily

14 years en prison! DAYUM

il a 33 ans he is 33 years old
que s'est-il passé what has happened
qu'est devenu what has become of

demain tomorrow

waiting impatiently for 6 weeks to go to Monte Cristo

avec eux with them
cependant however
se rendre à to go to
aussitôt que as soon as
facile easy
la centième the hundredth

comment se rendre à Monte-Cristo sans donner de soupçons **soupçons**
à personne, le capitaine s'approche de lui : suspicions

— Dantès, lui dit-il, demain nous avons rendez-vous avec la
Jeune Amélie. Cette fois nous devons nous rencontrer à l'île de **nous devons**
5 Monte-Cristo. . . . we are to . . .

En entendant ce nom qui le hante (haunt him) depuis des
semaines, Dantès ne peut réprimer (suppress) un violent
mouvement de surprise et c'est avec difficulté qu'il réussit à
demander d'une voix calme :
10 — Quand partons-nous ? **partons-nous**
— Ce soir, à dix heures, dit le capitaine ; et il rentre dans do we go
sa cabine.

Dantès, plein de joie, attend le soir avec impatience ; ainsi **plein**
donc la plus grande difficulté est surmontée (overcome) ! Le full
15 voyage à Monte-Cristo va se faire d'une manière toute simple **ainsi donc**
et naturelle, sans inspirer de soupçons à personne. . . . so

Que va-t-il trouver dans la grotte ?

Chapitre IX

Le trésor

La journée se passe à préparer l'expédition et Dantès travaille avec ardeur pour cacher son agitation. A dix heures du soir tout est fini, et le capitaine donne le signal du départ. La mer est calme et Dantès dit aux marins d'aller dormir, qu'il peut diriger le bateau tout seul.

Depuis sa longue captivité, Dantès a, de temps en temps, besoin de solitude, et ce soir, plus que jamais, il a besoin d'être seul pour réfléchir. Il doit trouver un prétexte plausible pour rester seul dans l'île après le départ de ses camarades. Il réfléchit longtemps . . . enfin il croit avoir trouvé un moyen: il va simuler un accident assez sérieux pour qu'on soit (be) obligé de le laisser à Monte-Cristo. Il passe le reste de la nuit à réfléchir à la manière de simuler cet accident.

Vers huit heures du matin, on aperçoit l'île de Monte-Cristo à l'horizon. Dantès dévore des yeux la masse de rochers qui se rapproche. Enfin on arrive, et Dantès est le premier à sauter dans le canot (rowboat) qui va les conduire à la petite île.

La *Jeune Amélie* est déjà là, et les marins passent la journée à transporter leurs marchandises d'un bateau à l'autre. A cinq heures du soir, tout est terminé. Avant de partir, le capitaine veut s'assurer qu'il n'y a pas de bateaux en vue, et Dantès

départ
departure

plus que jamais
more than ever

réfléchir
to reflect

laisser
to leave

vers
around

sauter
to jump

avant de partir
before leaving

en vue
in sight

36

monte sur un grand rocher pour scruter (to scan) l'horizon. Il redescend en sautant avec agilité de rocher en rocher. Tout à coup il pousse un cri et disparaît. On se précipite à son secours; on le trouve étendu au pied d'un rocher, pâle et sanglant (bleeding). Quand il ouvre les yeux, il voit un petit groupe de marins qui l'entoure et le regarde avec anxiété.

il pousse un cri
he utters a cry
disparaît
disappears
on se précipite
they rush forward
entoure
surrounds

— Transportons-le sur le bateau, dit le capitaine.

Mais, quand on veut le soulever, Dantès pousse un cri:

10 — Non, non, ne me touchez pas, dit-il, le moindre mouvement est une torture; laissez-moi ici.

le moindre
the least
ici
here

Le capitaine secoue la tête:

— Vous laisser ici? dit-il, c'est impossible; nous n'allons pas revenir avant huit jours; vous allez mourir de faim (die of hunger) pendant ce temps-là.

huit jours
a week

15 — Mais non, dit Dantès; laissez-moi seulement quelques provisions, un fusil et de la poudre (gun and powder). Je n'ai besoin de rien de plus. Partez, capitaine, vous ne devez pas risquer le succès de votre expédition pour moi.

rien de plus
nothing more
vous ne devez pas
you must not

Dantès a raison; dans une pareille expédition, on ne doit 20 pas perdre de temps. . . . Cependant, le capitaine hésite à abandonner un camarade.

a raison
is right
une pareille
such a

Dantès insiste:

—Je vous assure, capitaine, qu'avec quelques provisions et un sac pour dormir, je peux attendre facilement votre retour; 25 mais ne restez pas là plus longtemps, c'est dangereux.

retour
return

— Vous avez raison, dit enfin le capitaine, nous devons partir; mais nous allons revenir aussitôt que possible.

Il dit adieu à Edmond et donne le signal du départ. La *Santa Lucia* s'éloigne lentement de l'île de Monte-Cristo. 30 Bientôt le bateau n'est plus qu'un petit point noir à l'horizon, puis il disparaît. . . .

s'éloigne
goes away
noir
black

Le cœur plein de joie, Dantès regarde le bateau disparaître à l'horizon. Seul! il est maintenant tout seul dans l'île et il a huit jours pour faire ses explorations.

35 Alors, comme par miracle, Dantès retrouve toute son agilité. Sans perdre un instant, il se dirige vers la petite baie au Nord-Est (N.E.) de l'île; c'est une toute petite baie, entourée de trois côtés de rochers abrupts. Au centre, il

aperçoit un énorme rocher, plus abrupt que les autres. Il se
rappelle alors les mots du testament: «au centre de la baie,
sous le plus gros rocher.»

— C'est là, se dit-il.

Il décide de passer la nuit là, au pied du rocher. Le lende- 5
main matin, il commence ses explorations. Il examine chaque
interstice, chaque fissure entre les rochers, tout ce qui peut
ressembler à une ouverture, mais il ne trouve rien. Le soir,
découragé, il revient passer la nuit à son petit camp. Il
commence à avoir des doutes et se demande si la grotte a 10
jamais existé. Soudain, comme il réfléchit, il se rappelle ce que
l'abbé Faria lui a dit: «on ne cache pas un trésor de cette
importance sans prendre beaucoup de précautions.» S'il
n'a pas découvert l'ouverture de la grotte, c'est évidemment
parce qu'elle est ingénieusement masquée. La difficulté qui 15
le décourage doit au contraire l'encourager puisqu'elle lui
donne l'assurance que personne n'a encore découvert le secret
de la grotte. Mais pour lui, qui a l'avantage de savoir qu'il
y a une grotte derrière ces rochers, la moindre marque, la plus
petite trace va devenir une indication précieuse. Il n'y a pas 20
d'ouverture visible, c'est évident; ce qu'il doit chercher, c'est
la manière dont on a fermé la grotte.

Tout en réfléchissant, il regarde cette pile de rochers,
massés en désordre les uns sur les autres, et tout à coup il
comprend: pour fermer la grotte, on a simplement fait tomber 25
plusieurs rochers devant l'ouverture. Depuis, les plantes ont
poussé (have grown) entre ces rochers et leur ont donné un
aspect naturel. . . . Mais comment va-t-il jamais réussir à
déplacer ces rochers? Ah! une idée! il va les déplacer au moyen
de la poudre (gunpowder) que ses camarades lui ont laissée. 30

Il cherche un interstice entre les pierres pour y placer la
poudre; il improvise une mèche (fuse), l'allume, et s'éloigne
rapidement.

Une explosion formidable se fait entendre; les rochers sont
déplacés et maintenant on peut apercevoir l'ouverture de la 35
grotte. Dantès se précipite à l'intérieur et se met à chercher
avec une ardeur fébrile, mais il ne trouve rien. Dans un angle,
une grosse pierre semble masquer une autre ouverture. . . . Il

le lendemain matin
the next morning
chaque
each, every
tout ce qui
all that which
une ouverture
an opening

découvert
discovered

chercher
look for
dont
in which
tout en
while
fait tomber
let drop
plusieurs
several

allume
lights

se fait entendre
is heard

la déplace de la même manière et se trouve à l'entrée d'une
seconde grotte; mais on ne peut rien voir dans l'obscurité. Il
retourne alors au camp, saisit une torche, l'allume et revient
à la grotte. La torche à la main, il pénètre dans la seconde
5 grotte et ses yeux tombent sur un vieux coffre . . . le trésor!

D'une main tremblante, il ouvre le coffre . . . le trésor de la
famille Spada se révèle à ses yeux éblouis (dazzled).

Un instant il croit être la victime d'une hallucination. Le
coffre est rempli de pièces d'or et de pierres précieuses: des
10 diamants énormes, des rubis superbes, des émeraudes splendides, des perles incomparables. Dantès plonge ses mains
avides dans le coffre; il les remplit de pièces d'or qui retombent
en cascade dans le coffre avec un petit bruit sonore; il tourne et
retourne dans ses mains tremblantes les pierres fabuleuses avec
15 un rire qui touche à la folie (borders on madness).

Soudain, il se précipite hors de la grotte; il a besoin de
revoir la lumière du jour, de respirer l'air pur du dehors. Il
se met à marcher rapidement devant lui. L'exercice violent
semble calmer son exaltation; il revient à la grotte: le coffre est
20 toujours là . . . le trésor n'est pas une illusion, mais une solide
réalité. Il est riche, fabuleusement riche!

Alors seulement, il commence à croire à sa félicité et, se
tournant vers Dieu, il murmure quelques mots intelligibles
pour lui seul.

l'entrée
the entrance

à la main
in his hand

rempli
filled
pièces d'or
gold pieces

un rire
a laugh
la lumière
the light
dehors
outside
marcher
to walk

Chapitre X

Le retour à Marseille

Dantès passe la nuit auprès de son trésor; une de ces nuits délicieuses et terribles qui changent la vie d'un homme en quelques heures.

Le lendemain matin, il prend quelques petits diamants, remet le coffre en place, et passe toute la journée à masquer l'ouverture de la grotte aussi bien que possible. Puis il attend le retour de ses compagnons.

Ils reviennent le sixième jour. Les braves contrebandiers, heureux de revoir Dantès, l'accueillent avec joie sur le bateau. Ils lui racontent leur dernier voyage en détail; l'expédition a été très avantageuse et ils offrent d'en partager les profits avec leur camarade. Edmond est très touché de leur générosité mais il refuse. Il leur explique alors qu'il désire retourner à Malte, dans sa famille. Le capitaine regrette de perdre un si bon pilote et les marins un si bon camarade, mais ils trouvent tout naturel son désir de revoir sa famille. Lorsque le bateau retourne à Livourne, on lui dit adieu et la *Santa Lucia* repart sans lui.

A Livourne, Dantès offre un de ses plus petits diamants à un marchand qui lui en donne cinq mille francs. Le marchand regarde avec curiosité ce pauvre marin qui a un si beau

40

diamant à vendre, mais comme il fait un gros profit sur la transaction, il ne fait pas de questions.[1]

Avec ces cinq mille francs Dantès s'achète des vêtements élégants, puis il va loger dans le meilleur hôtel de la ville, sous 5 le nom de Lord Vilmore. Il peut alors vendre plusieurs autres diamants sans difficulté.

Muni de (provided with) cet argent, Dantès se rend à Gênes; il a besoin d'un bateau et c'est à Gênes que l'on construit les meilleurs bateaux. Justement on vient de terminer 10 un petit yacht pour un riche Anglais. Le bateau est juste ce que désire Dantès, et il en offre soixante mille (60.000) francs, à condition de l'avoir le jour même. Le constructeur (builder) réfléchit . . . l'Anglais est en voyage . . . il ne va pas revenir avant deux mois . . . le constructeur croit avoir le temps de 15 construire un autre yacht pendant son absence et il va faire un gros profit sur celui-ci. . . . Il consent à vendre le bateau à Dantès qui part immédiatement et tout seul pour l'île de Monte-Cristo.

Il y arrive le soir du deuxième jour; un peu anxieux, il se 20 dirige vers la grotte . . . mais il est évident que personne n'a passé là pendant son absence. Tout est exactement comme il l'a laissé.

Il passe la journée du lendemain à transporter son immense trésor sur le yacht, puis il se rend à Rome, où il met son trésor 25 en banque. Il demande alors au gouvernement italien la permission d'acheter l'île de Monte-Cristo avec le titre de comte de Monte-Cristo. Le gouvernement accepte de lui vendre l'île et le titre pour deux cent mille francs. La transaction terminée, Edmond Dantès n'existe plus: il est devenu 30 le comte de Monte-Cristo.

Dantès a non seulement changé de nom, il a aussi changé de personnalité. Les longues années de captivité ont laissé leur marque profonde sur son visage pâle. Ses cheveux sont devenus prématurément blancs, sa voix dure et métallique, 35 son expression cruelle et sardonique. Cependant il est resté jeune d'apparence et plein de distinction. Il est impossible de reconnaître dans cet homme élégant, au regard dur et im-

[1] **il ne fait pas de questions**   he does not ask any questions

à vendre
for sale

achète
buys
le meilleur
the best
vendre
sell
argent
money
on construit
they build
justement
as it happens

en voyage
traveling
mois
months
construire
to build

un peu
a little

le titre
the title

dure
harsh

reconnaître
to recognize
regard
look

périeux, aux manières aristocratiques et riche comme un prince, le jeune marin d'autrefois (of long ago). Il se dirige donc avec assurance vers la France. A Marseille, il montre son passeport au nom de Monte-Cristo. On le laisse entrer sans difficulté.   5

Sa première visite est pour la petite maison de son père, dans la rue Meilhan. Hélas! elle est fermée, abandonnée . . . Edmond s'arrête un instant, le cœur serré . . . (with a heavy heart).

De l'autre côté de la rue, devant la porte d'un petit café,   10
Dantès aperçoit un homme qu'il croit reconnaître . . . un vieil ami de son père du nom de Caderousse. Il s'approche de lui et lui dit:

— Pardon, monsieur, mais je cherche un homme du nom de Dantès; pouvez-vous me dire ce qu'il est devenu?   15

— Dantès, monsieur? Louis Dantès?

— Oui.

— Il est mort, monsieur.

Une expression douloureuse passe sur le visage de l'étranger.

— Il y a longtemps qu'il est mort?[2]   20

— Il y a plus de dix ans, monsieur; il est mort un an après l'emprisonnement de son fils. . . . Ah! c'est une bien triste histoire . . . entrons dans ce café et je vais vous la raconter.

Les deux hommes entrent dans le café, et Caderousse commence son histoire: 25

— Louis Dantès, dit-il, avait un fils, Edmond; un si brave garçon monsieur, et un si bon marin! capitaine du *Pharaon* à dix-neuf ans! Il a été arrêté le jour même de son mariage et emprisonné au château d'If comme conspirateur. Le pauvre père en est mort de chagrin.   30

— Mort, dit l'étranger avec compassion, tout seul? sans amis?

— Oh! non, monsieur, pas seul; Mercédès, la fiancée d'Edmond, et M. Morel, un ami, étaient auprès de lui. M. Morel est un brave homme; après l'emprisonnement d'Edmond,   35
il a fait tout son possible pour lui. Au risque d'être arrêté

hélas
alas

vieil
old

pouvez-vous
can you

douloureuse
sorrowful

triste
sad

brave
good

chagrin
grief

étaient
were

[2] **Il y a longtemps qu'il est mort?**   Has he been dead for a long time?

lui-même comme suspect, il est allé voir plusieurs fois M.
de Villefort, le procureur du roi. Il est même allé à Paris
intercéder en faveur d'Edmond, mais en vain. C'est lui qui
a consolé le vieux père, qui lui a donné l'argent nécessaire pour
5 vivre, qui l'a assisté pendant ses derniers jours. Maintenant
c'est à son tour d'être malheureux.   **à son tour** his turn

  — Que voulez-vous dire?[3] demande l'étranger.

  — Monsieur Morel a perdu cinq bateaux en deux ans; il ne
lui en reste plus qu'un:[4] le *Pharaon*. Le *Pharaon* est allé à Cal-
10 cutta et on attend son retour depuis quelque temps. S'il ne   **depuis quelque temps** for some time
revient pas, M. Morel est ruiné.

  — Ah! dit l'étranger avec sympathie, la fortune ne sourit
pas toujours aux braves gens.   **gens** people

  — Non, dit Caderousse, mais elle semble sourire aux
15 méchants.   **méchants** evil-doers

  — Comment cela?

  — Tenez! (well) monsieur, je vais vous dire: j'ai toujours
pensé que les amis d'Edmond étaient en réalité ses ennemis. Ils
étaient jaloux de lui: Danglars, parce que Dantès était capi-
20 taine du *Pharaon*, et Fernand Mondego parce qu'Edmond
était son rival. On l'a dénoncé à la police, c'est certain, et j'ai
toujours pensé que c'étaient ses «amis» Danglars et Fernand
qui avaient fait cela.   **avaient fait** had done

  — Et la fiancée, qu'est-elle devenue?

25   — Ah! monsieur, elle était seule, sans parents, sans argent
. . . Après la mort du père d'Edmond, son cousin l'a demandée
en mariage et elle a accepté.

  L'étranger est devenu très pâle, mais il continue d'une voix
calme:

30   — Et où sont-ils maintenant?

  — Je ne sais pas exactement . . . à Paris, je crois. Fernand
Mondego est maintenant pair de France (Peer of the Realm).

  — Pair de France! Fernand Mondego! il est donc devenu
riche?

35   — Très riche. Quelque temps après son mariage, il est allé
chercher fortune en Grèce (Greece). On dit qu'il est devenu   **chercher fortune** to seek his fortune

---

[3] **Que voulez-vous dire?** What do you mean?
[4] **il ne lui en reste plus qu'un** he has only one left

l'ami et le protecteur d'un riche pacha et que c'est ainsi qu'il
a fait fortune. Il s'appelle maintenant le comte de Morcef.

— Et Danglars?

— Oh! lui aussi est devenu riche. Il a fait un riche mariage
et il est maintenant à la tête d'une des plus grandes banques   5
de Paris. On dit qu'il est plusieurs fois millionnaire. Mais
avec tout leur argent, je ne les envie pas; non; je préfère ma

à la leur
to theirs

conscience à la leur.

— Vous avez raison; les rapides fortunes ne sont pas toujours bien honnêtes.   10

L'étranger est tombé dans une profonde rêverie. . . . Ainsi
donc les méchants ont prospéré, sont devenus riches, heureux,

tandis que
while

tandis que leur victime était condamnée à mourir dans une
captivité horrible! mais patience . . . le moment de la rétribution est imminent . . . et quelle rétribution!   15

Une expression de haine féroce passe sur le visage de
l'étranger; il dit adieu au brave Caderousse, sort du café,
et se dirige rapidement vers le port.

Chapitre XI
Monsieur Banning

Un matin, un Anglais se présente à la banque Bolville &
Fils, et demande à parler à M. Bolville.

— Monsieur, lui dit-il, je représente la maison Thomson &
French de Rome. Nous sommes depuis dix ans en relations
5 commerciales avec la maison Morel & Fils. On dit que la
ruiné menace cette maison et nous désirons savoir si cette
rumeur est vraie.

— J'en ai peur, monsieur, et pour M. Morel et pour nous.
Les Morel sont de braves gens et leur maison est très honorable,
10 mais, depuis quatre ou cinq ans, le malheur semble poursuivre
M. Morel. Il a successivement perdu cinq bateaux. Il ne lui
en reste plus qu'un, le *Pharaon*. S'il ne revient pas, M. Morel
va se trouver dans l'impossibilité de payer ses dettes.

— Il doit beaucoup d'argent ?

15 — Je le crois, dit M. Bolville. En plus des deux cent mille
francs qu'il doit à notre maison, il doit cent mille francs à la
maison Lafitte et probablement une centaine de mille francs à
différentes maisons commerciales de Marseille.

— La maison Thomson & French désire avoir en sa pos-
20 session tous les billets de la maison Morel. Voulez-vous les
acheter secrètement pour nous ?

— Certainement, mais vous ne faites pas une bonne affaire.

la maison
the firm

j'en ai peur
I am afraid of it

poursuivre
to pursue

payer
to pay
dettes
debts
en plus de
besides
une centaine
about a hundred

billets
IOU's

45

Si, comme je le crois, le *Pharaon* est perdu, M. Morel va faire banqueroute (will go bankrupt) et vous allez perdre tout cet argent.

— Qu'est-ce qui vous fait croire que le *Pharaon* est perdu?

— Il est parti de Calcutta au mois de décembre. Trois autres
bateaux, partis après lui, sont arrivés à Marseille il y a quelques ₅
jours; ce n'est pas un bon signe.

en effet
quite so
espérer
hope

— En effet, dit l'Anglais, mais rien n'est encore certain, on
peut encore espérer. En attendant, achetez-nous tous ces
billets. La maison Thomson & French va vous ouvrir un crédit
de cinq cent mille francs. ₁₀

au sortir de
on leaving

Au sortir de la banque, l'Anglais se dirige vers la maison
de M. Morel.

Hélas! la maison a bien changé pendant ces dernières
années. Autrefois, elle avait un air de prospérité, de vie et
de gaieté. Maintenant la gaieté a fait place (given way) à la ₁₅

tristesse
sadness

tristesse, l'animation au silence. Le malheur a jeté sur toute
cette maison un air de ruine et de désolation.

L'Anglais frappe à la porte; une jeune fille à l'air triste
et sérieux vient lui ouvrir.

— Monsieur Morel, s'il vous plaît, dit l'étranger avec un ₂₀
accent anglais très prononcé.

— Qui dois-je annoncer, monsieur?

— Monsieur Banning, de la maison Thomson & French.

— Suivez-moi, monsieur, s'il vous plaît.

bureau
office

La jeune fille conduit l'étranger au bureau de M. Morel: ₂₅

— Monsieur Banning, père, dit-elle en ouvrant la porte.

accueille
receives
inquiet
worried

M. Morel accueille son visiteur d'un signe de tête; pâle de
fatigue, il demande d'un air hésitant et inquiet:

— Vous désirez me parler, monsieur?

— Oui, monsieur; je représente la maison Thomson & ₃₀
French; nous avons plusieurs de vos billets et nous désirons
savoir si vous pouvez les payer. Je dois vous dire qu'une
rumeur circule que vous êtes sur le point de faire banqueroute
(going bankrupt). Naturellement cela nous a causé une
certaine anxiété; nous savons que la maison Morel a une ₃₅
longue réputation d'intégrité, mais. . . .

M. Morel répond avec beaucoup de dignité:

— Monsieur, si le *Pharaon* revient de Calcutta, je vais pouvoir payer toutes mes dettes. Mais ce bateau est ma dernière ressource; s'il est perdu, comme j'en ai peur, je suis complètement ruiné.

Soudain, un bruit de voix se fait entendre dans le corridor 5 et un officier de marine, suivi de plusieurs personnes, fait irruption dans (bursts in) le bureau.

— Comment! c'est vous, mon brave Penelon! dit M. Morel en poussant un cri de joie. Le *Pharaon* est donc à Marseille?

— Hélas! monsieur, je ne sais comment vous annoncer ce 10 malheur. . . .

— Parlez, qu'est-il arrivé?

— Le *Pharaon*, monsieur, est perdu, mais son équipage a été sauvé par le *Bellerophon* qui vient d'entrer dans le port.

M. Morel est devenu horriblement pâle. La tête entre ses 15 mains, il demeure longtemps immobile, sans rien dire.

L'Anglais et l'officier, émus par ce terrible malheur, respectent son silence.

Enfin, M. Banning s'avance vers le pauvre homme et lui dit:

— Monsieur, avant l'arrivée du capitaine Penelon, notre 20 conversation n'était pas finie. J'étais venu vous dire que nous avons décidé de vous donner tout le temps nécessaire pour payer vos billets. Combien de temps voulez-vous?

M. Morel secoue tristement la tête:

— Dites à MM. Thomson & French que je les remercie de 25 cette offre généreuse, mais hélas, je n'espère plus pouvoir payer mes dettes, pas plus dans un an que maintenant. Avec le *Pharaon*, j'ai perdu mes dernières ressources.

— Qui sait? dit M. Banning d'un air mystérieux. Nous vous donnons six mois.

30 En sortant, il dit au capitaine Penelon:

— Mon ami, j'ai besoin de vous. Je veux vous prendre à mon service avec tout l'équipage du *Pharaon*. Allez chercher vos hommes et rendez-vous à Gênes pour y attendre mes ordres.

Le capitaine accepte avec empressement (alacrity) cette 35 offre d'emploi pour lui et ses camarades et M. Banning part immédiatement pour Gênes.

A Gênes, il va voir M. Lazoni, un constructeur (builder) de bateaux:

pouvoir
to be able

qu'est-il arrivé?
what has happened?
équipage
crew

il demeure
he remains
émus
moved

j'étais venu
I had come

combien de temps
how long

allez chercher
go fetch

— M. Lazoni, lui dit-il, c'est vous qui avez construit tous les bateaux de la maison Morel, n'est-ce pas?

n'est-ce pas?
is it not so?

— Oui, monsieur.

— En ce cas, vous avez construit le *Pharaon*?

— Certainement.   5

— Vous avez encore les plans de ce bateau?

— Mais oui.

pareil
identical

— Eh bien! construisez-moi un autre bateau pareil au *Pharaon* dans les plus petits détails et aussi vite que possible. Combien de temps voulez-vous?   10

— Il me semble qu'en travaillant aussi rapidement que possible, nous pouvons vous le construire en un an. Mais,

coûter
to cost

ajoute-t-il, cela va vous coûter cinq cent mille francs.

— Je vous en donne six cent mille si le bateau est construit en six mois, avec deux cent mille francs d'avance.   15

M. Lazoni proteste que c'est une chose impossible, mais M.

promet
promises

Banning insiste... finalement Lazoni prend l'argent et promet de construire le bateau en six mois.

ensuite
next

M. Banning attend ensuite l'arrivée de Penelon et de ses hommes. Lorsque celui-ci arrive, il lui dit: 20

retourner
to go back

— Capitaine, vous et vos hommes vous allez retourner à Calcutta sur le bateau *La Gironde*. A Calcutta, vous achèterez (you will buy) les mêmes marchandises que celles que (that) vous avez achetées pour le *Pharaon* à votre dernier voyage.

Le capitaine le regarde de l'air d'un homme qui ne comprend pas. M. Banning continue: 25

— Pendant votre absence, on va construire un bateau tout pareil au *Pharaon*... comprenez-vous? même bateau, même équipage, mêmes marchandises... et un beau matin on annonce l'arrivée du *Pharaon* dans le port de Marseille....   30

— Mais monsieur, dit le capitaine, il y avait pour plus de six cent mille francs de marchandises sur le bateau!

— Eh bien! on va vous ouvrir un crédit de six cent mille francs.

— Oh! monsieur, qui êtes-vous donc pour faire ainsi des   35
présents qui coûtent un million?

— Un homme qui aime payer ses dettes, répond M. Banning laconiquement.

Les six mois accordés par la maison Thomson & French passent rapidement pour M. Morel qui voit approcher la date du 5 septembre avec la résignation du désespoir.

Ce jour-là, il embrasse tendrement sa femme et ses enfants, puis il va dans son bureau. Il attend l'arrivée de l'employé de banque qui doit venir lui présenter ses billets à payer. Pour la première fois de sa vie, il va refuser d'honorer sa signature. Il regarde d'un air sombre le revolver qu'il a placé sur la table devant lui: la mort est préférable au déshonneur.

On frappe à la porte; un employé de banque entre avec une grosse enveloppe qu'il place sur la table, puis il se retire sans rien dire. M. Morel, surpris, tourne et retourne l'enveloppe entre ses mains. Enfin il se décide à l'ouvrir. Plusieurs papiers tombent sur la table: ce sont ses billets, tous ses billets avec, écrit en grosses lettres, le mot magique: PAYÉ. M. Morel croit rêver. Il examine les billets, vérifie les signatures: C'est bien sa signature, ce sont bien ses billets et le mot payé est écrit sur tous. Il ne doit plus rien à personne! il est sauvé! sauvé du déshonneur! Il appelle sa femme, ses enfants. . . . Trop ému pour parler, il leur montre seulement les billets et le mot PAYÉ. Quelle joie dans la maison! ce sont des rires, des exclamations, des larmes de joie.

Mais ce n'est pas tout. Deux jours après cette scène, une rumeur fantastique circule dans Marseille: on dit que le *Pharaon* vient d'entrer dans le port! Le *Pharaon*? impossible! M. Morel secoue la tête, incrédule; le capitaine Penelon ne lui a-t-il pas dit lui-même il y a six mois que . . .

Un jeune homme fait irruption dans (bursts in) le bureau:
— Père, s'écrie-t-il, c'est vrai! Le *Pharaon* vient d'entrer dans le port.

Doutant encore de ce prodige, M. Morel se rend au port avec sa femme et ses enfants. Plus de doutes: l'évidence est là, devant ses yeux, sous la forme d'un bateau qui ressemble en tout au *Pharaon* . . . même bateau . . . même équipage . . . même capitaine. . . . Le pauvre homme n'y comprend rien.

Cependant, à bord d'un petit yacht, quelqu'un a observé cette scène à distance avec un profond intérêt. Touché de la joie de la famille Morel, il murmure d'une voix émue:

femme
wife

croit rêver
believes he is dreaming
c'est bien
it is indeed

larmes
tears

cependant
meanwhile
quelqu'un
some one

— Soyez heureux (be happy) braves gens, nobles cœurs qui avez consolé un vieux père dans l'adversité. Le fils a payé la dette contractée par le père.

Et maintenant, ajoute-t-il d'un air sombre, c'est au tour des autres de payer leur dette.   5

Deuxième Partie

Chapitre XII

Une aventure à Rome

Le jeune vicomte Albert de Morcef voyage en Italie accompagné de son ami Frantz d'Épinay.

Ils arrivent à Rome pendant le carnaval. Les hôtels sont pleins et c'est avec difficulté qu'ils trouvent deux chambres à 5 l'hôtel de maître Pastrini. L'hôte les accompagne à leurs chambres qui sont toutes petites et qui coûtent très cher.

— Maître Pastrini, dit Albert, nous avons besoin d'une voiture et de deux chevaux.

— Une voiture! deux chevaux! Monsieur, c'est impos- 10 sible!

— Bah! dit le jeune homme, même si j'offre de payer le double?

— Non, monsieur; en ce moment il est impossible de trouver une voiture et un cheval dans toute la ville de Rome, à aucun 15 prix.

Albert est désolé: une voiture est indispensable si l'on veut prendre part à la parade des masques sur le Corso.

— Alors, dit-il, voulez-vous nous réserver une fenêtre sur le Corso pour voir la parade?

20 Maître Pastrini secoue la tête:

— Impossible, monsieur; toutes les places aux fenêtres sont réservées depuis longtemps. Pensez donc, monsieur, qu'il vient

voyage
is traveling

chambres
rooms
maître
master

une voiture
a carriage
deux chevaux
two horses

un cheval
a horse
à aucun prix
at any price
désolé
dismayed

53

plus de cent mille personnes à Rome pendant le carnaval et
que le nombre de fenêtres sur le Corso est limité.

— Mais alors, dit Albert, de plus en plus désolé, nous
n'allons rien voir du tout.

Maître Pastrini sort en murmurant ses regrets.   5

Une heure après, il revient, tout souriant (all smiles):

Messieurs *gentlemen*
voisin *neighbor*
la sienne *his*

— Messieurs, dit-il, monsieur le comte de Monte-Cristo, qui
est votre voisin, vient d'apprendre que vous ne pouvez pas
trouver de voiture. Il vous offre deux places dans la sienne, et
deux places à ses fenêtres du palais (palace) Rospoli, sur le 10
Corso.

jeunes gens *young men*

Les deux jeunes gens se regardent, hésitants. . . . Est-ce
correct d'accepter cette faveur d'un étranger, d'un homme qui
ne leur a pas été présenté?

A ce moment, quelqu'un frappe à la porte: 15

— Entrez, dit Frantz.

un domestique *a servant*

Un domestique entre, apportant deux cartes de visite.

— De la part de (from) monsieur le comte de Monte-Cristo,
pour monsieur Frantz d'Épinay et pour monsieur le vicomte
de Morcef, dit-il.   20

Il présente les cartes aux jeunes gens en ajoutant:

— Monsieur le comte demande à ces messieurs la permission
de se présenter demain matin.

la politesse *politeness*

faire une visite *to pay a visit*

— Dites à monsieur le comte, répond Frantz, charmé de la
politesse de Monte-Cristo, que c'est nous qui demandons 25
l'honneur de lui faire une visite pour le remercier de sa
gracieuse invitation.

chez *at (the apartment of)*
reçoit *receives*

Le lendemain matin, les deux jeunes gens se présentent chez
Monte-Cristo qui les reçoit avec beaucoup de politesse. Le
comte les emmène dans sa voiture voir la parade sur le Corso; 30
puis il les invite à l'accompagner le soir à l'Opéra.

Le luxe (luxury) sans ostentation du comte, son air noble
et affable, sa conversation brillante font une profonde impression sur les deux jeunes gens.

Le dernier jour du carnaval, ils retournent prendre part à 35
la parade sur le Corso. De sa voiture, Albert aperçoit une belle
fille qui semble le regarder beaucoup. Quand il passe devant
elle, elle lui jette une rose qu'il place en souriant sur son

cœur. La belle fille lui fait signe. Albert s'excuse près de ses amis, descend de voiture et s'avance vers elle. Mais elle, passant rapidement près de lui, murmure:

— Ce soir, ici, à onze heures.

5 Puis elle disparaît dans la foule.

Albert, le cœur plein de joie, revient près de ses compagnons, mais il ne leur dit rien de son aventure. Le soir, il s'excuse près du comte qui l'a invité à l'accompagner au théâtre et va au rendez-vous retrouver la jeune fille.

10 Elle n'est pas encore arrivée. . . . Albert attend . . . il attend longtemps. . . . Tout à coup on entend un son de cloche (the ringing of a bell). C'est le signal que le carnaval est fini. En un instant, la foule se disperse et la rue, tout à l'heure pleine de bruit, de lumières et d'animation, devient soudain obscure 15 et déserte.

La belle fille n'est toujours pas là. . . . Albert commence à regretter son imprudence.

Soudain, derrière lui, une voix menaçante lui dit:

— Pas un mot ou vous êtes mort!

20 Albert se retourne et se voit entouré d'une petite troupe d'hommes à l'aspect menaçant. Ce sont les bandits du fameux Luigi Vampa, qui en ce moment terrorisent la ville de Rome.

Albert ne résiste pas. Il sait que les bandits capturent les 25 gens pour leur faire payer une rançon et que l'on n'est pas en danger tant que l'on ne résiste pas. Mais il sait aussi que ces bandits sont implacables et que la mort du prisonnier est certaine si l'argent n'arrive pas à l'heure spécifiée.

Albert suit donc les bandits sans résistance.

30 Lorsque Frantz revient du théâtre, il est très surpris de ne pas trouver Albert dans sa chambre. Il l'attend pendant quelque temps puis il décide d'aller se coucher.

Quelqu'un frappe à la porte: c'est maître Pastrini qui entre, une lettre à la main:

35 — Les bandits, Votre Excellence, murmure le brave homme avec consternation.

— Les bandits? répète Frantz sans comprendre, quels bandits?

onze heures
eleven o'clock
la foule
the crowd

va retrouver
goes to meet

tout à l'heure
a moment ago

menaçante
threatening

se retourne
turns around

une rançon
a ransom
tant que
as long as

aller se coucher
to go to bed

sans comprendre
without understanding

Sans répondre, Pastrini lui montre la lettre qu'il apporte.
Frantz l'ouvre et lit:

« Cher ami:

Je suis tombé entre les mains du redoutable
Luigi Vampa. Il a fixé ma rançon à quatre mille   5
piastres. Faites votre possible pour vous procurer
cette somme avant six heures du matin ou je suis un
homme mort.

Albert de Morcef»

Sur la même feuille, le bandit a ajouté lui-même quelques   10
mots en italien:

«Se alle sei della mattina le quattro mille
piastre non sono nelle mie mani, alle sette, il conte
Alberto avrà cessato di vivere.[1]

Luigi Vampa»   15

sur lui
with him
que faire?
what to do?

Frantz est désolé; il n'a pas la somme demandée sur lui et
à cette heure les banques sont fermées. Que faire? Soudain il
pense à son voisin, le comte de Monte-Cristo. Il se rend chez
le comte et frappe à la porte de son appartement:

— Ali, demande-t-il au domestique qui vient lui ouvrir,   20
est-ce que votre maître est allé se coucher?

— Pas encore, Votre Excellence.

recevoir
to receive

— En ce cas, demandez-lui s'il consent à me recevoir.
Le domestique revient un instant après et dit:

— Monsieur le comte va recevoir Votre Excellence.   25

— Mon cher ami, dit le comte en s'avançant vers Frantz,
qu'est-ce que je peux faire pour vous?

en disant
saying

Frantz lui montre la lettre d'Albert en disant:

— Voici la lettre que je viens de recevoir.

ton
tone of voice

— Ah! dit le comte d'un ton grave, votre ami est en danger. 30
Avez-vous la somme demandée?

— Non, dit Frantz, et c'est pour cela que je m'adresse à vous.
A cette heure, les banques sont fermées.

Monte-Cristo le regarde avec consternation:

[1] "If the 4000 piastres are not in my hand by 6 A.M., at 7 the
viscount will die."

— Mon pauvre ami, vous m'en voyez désolé, mais je n'ai
pas cette somme sur moi. Durant le carnaval et avec Luigi
Vampa à Rome ce n'est pas prudent d'avoir beaucoup d'argent
sur soi (with you).

5   Frantz est devenu très pâle :

— Mais alors, s'écrie-t-il, Albert est perdu !

Le comte semble réfléchir un instant, puis il dit :

— Il n'y a qu'une chose à faire, c'est d'aller trouver Luigi   **aller trouver**
Vampa. Voulez-vous m'accompagner chez les bandits ?   to go to

10   — Mais où sont-ils ?

— Je ne sais pas exactement, mais l'homme qui vous a
apporté la lettre va nous le dire.

Ils sortent de l'hôtel et le comte aperçoit un individu
devant la porte :

15   — Ah ! c'est toi, Peppino ? dit-il ; monsieur et moi, nous
allons t'accompagner chez mon ami Luigi Vampa.

— Comment ! dit Frantz, très surpris, vous connaissez Luigi   **comment !**
Vampa ?   what!
     vous connaissez
— Oui, dit le comte ; un jour je lui ai sauvé la vie, et depuis   you know
20 ce temps-là, il est resté mon ami. C'est quelquefois très utile,   **quelquefois**
ajoute-t-il avec un sourire sardonique, d'avoir un bandit   sometimes
comme ami.   **utile**
     useful
Monte-Cristo dit quelques mots en italien à Peppino qui lui
répond d'un signe de tête, puis il demande sa voiture.

25   — Connaissez-vous les catacombes de Saint-Sébastien ?
demande-t-il à son ami.

— Non, monsieur, je sais où elles sont, mais je ne suis pas
allé les visiter.

— Vous avez bien fait (you did right) ; c'est une excursion
30 assez dangereuse à faire en ce moment pour l'excellente raison   **assez**
que Luigi Vampa et ses bandits y ont établi leur camp   rather
pendant la saison du carnaval. C'est là où votre ami a été
transporté.

On arrive bientôt devant l'entrée des catacombes. Le
35 comte et Frantz descendent de voiture et, précédés de leur
guide, ils traversent de longs passages très obscurs. Enfin ils
arrivent à une sorte de caverne qui forme le centre des catacombes.

une vingtaine
a score
bien du
much

tout le monde
everybody

promis
promised

enlevé
abducted

— Qui vive? (who goes there?) crie une voix, et ils se trouvent immédiatement entourés d'une vingtaine de bandits.

— Eh bien! dit Monte-Cristo d'une voix calme, voilà bien du bruit pour recevoir un ami.

— Comment! c'est vous, monsieur le comte? dit Vampa 5 très surpris. Je vous demande pardon de vous accueillir de cette manière, mais nous sommes obligés de prendre quelques petites précautions. Tout le monde, ajoute-t-il avec un sourire, n'est pas le bienvenu (welcome) comme vous.

— Luigi, dit le comte d'un ton grave, ne m'avez-vous pas 10 promis de respecter ma personne et celle de mes amis?

— Certainement, monsieur le comte.

— En ce cas, voulez-vous m'expliquer pourquoi vous avez enlevé le vicomte de Morcef qui est un de mes amis?

— J'en demande bien pardon à Votre Excellence, mais on a 15 fait une erreur. On a enlevé ce jeune homme sans savoir que c'était un de vos amis. J'en suis désolé.

— Mais, dit Frantz avec une certaine anxiété, où est le prisonnier?

— Monsieur de Morcef est là, dit Vampa en lui montrant la 20 porte d'une chambre; je vais lui annoncer moi-même qu'il est libre.

Tout le monde suit Vampa qui ouvre la porte de la prison d'Albert. Celui-ci, étendu sur son lit, dort profondément.

— Eh bien! dit le comte en souriant d'admiration; pour un 25 homme certain de mourir à sept heures du matin, cela montre du courage.

Luigi Vampa secoue Albert qui ouvre les yeux et le reconnaît:

— Ah! c'est vous, monsieur le bandit; que me voulez- 30 vous?

— Je viens vous dire que vous êtes libre.

— On a donc payé ma rançon?

— Non.

— Non? alors à quoi dois-je attribuer ma liberté? à un 35 soudain mouvement de générosité de votre part?

— Monsieur, dit gravement Vampa, votre mort était certaine, mais un de mes amis, à qui je ne peux rien refuser,

vient de me demander votre liberté et c'est à lui que je la
donne.

— Oh? dit Albert, surpris, et qui est donc cet excellent ami?

— Le voici, dit Frantz, en présentant le comte.

5 — Comment! c'est vous monsieur le comte! s'écrie Albert
d'une voix émue. Vous venez tout simplement de me sauver
la vie, car ces bandits ne plaisantent pas (do not joke) avec
leurs prisonniers. Brrh!

car
for

— Allons! dit le comte, partons.

10 — Peppino, dit Vampa, une torche! je vais moi-même
reconduire ces messieurs.

reconduire
to escort

Vampa reconduit le comte et ses amis; mais, avant de
partir, le comte, qui est resté en arrière, donne discrètement
quelques pièces d'or à Vampa. Le bandit sourit: la petite
15 comédie, arrangée par le comte, est finie, car c'est Monte-
Cristo lui-même qui a demandé à Luigi d'enlever Albert.
Le bandit ne comprend pas pourquoi il a fait cela, mais ce
n'est pas son affaire: le comte est généreux et paie bien.

en arrière
behind

Rentrés à l'hôtel, Albert remercie le comte avec émotion.

20 — Monsieur le comte, dit-il, je vous dois la vie et je ne sais
comment vous remercier. Mais soyez sûr (rest assured) que
mes parents et moi, nous vous sommes profondément obligés.
Est-ce que nous pouvons faire quelque chose à notre tour pour
vous montrer notre gratitude?

25 — Mon cher Albert, dit Monte-Cristo, puisque vous me
l'offrez de si bon cœur, j'accepte. Vous pouvez me rendre un
grand service.

— Lequel (what)? demande Albert joyeusement.

— J'ai l'intention d'aller à Paris dans quelques mois, mais
30 je n'y connais personne pour me présenter dans le monde.
Voulez-vous me présenter à vos amis?

le monde
society

— Certainement, dit Albert. Je vais écrire immédiatement à
ma mère pour lui raconter mon aventure et ce que vous avez
fait pour moi. Je suis sûr qu'elle et mon père seront (will be)
35 très heureux de vous recevoir et de vous présenter à leurs amis.

mère
mother

— Merci, Albert, dit le comte. Et maintenant, allez dormir.
Vous en avez besoin après les fatigues et les émotions de cette
nuit.

cette nuit
tonight

Resté seul, Monte-Cristo murmure:

difficile
difficult

— Enfin! le plus difficile est fait. Albert va me présenter à ses parents et je vais entrer dans la maison même de mon ennemi. Et elle . . . je vais la revoir . . . Mercédès. . . .

Et le comte tombe dans une méditation profonde.   5

Chapitre XIII

La visite

Depuis quelque temps, le comte de Monte-Cristo est le sujet de toutes les conversations dans les salons de la capitale et on attend son arrivée avec une certaine curiosité. Il faut avouer (one must confess) que la manière dont cette arrivée a été
5 annoncée justifie cet intérêt. Il a fait acheter un superbe hôtel près des Champs-Élysées et l'a fait redécorer par les meilleurs artistes de Paris. On parle de salons somptueux, d'objets d'arts rares et précieux, de millions dépensés pour une installation de quelques mois. Devant les dames, Albert de
10 Morcef le représente comme un homme fabuleux, un enchanteur des *Mille et une Nuits*. Jeune encore, dit-il, et beau comme les héros de Byron, il a un air profondément mélancolique comme ceux que le malheur a frappés. Il est pâle et son sourire est quelquefois sinistre; mais ses manières sont
15 nobles et fières et sa voix, tour à tour caressante ou impérieuse sait captiver et charmer. Les dames écoutent Albert absolument fascinées. Elles demandent toutes qu'il leur présente cet homme extraordinaire et mystérieux. Grâce aux dames, tous les salons vont s'ouvrir devant Monte-Cristo.
20 Albert, très fier de son importance, explique que le comte lui a promis de venir déjeuner chez lui le jour même de son arrivée à Paris. Il a invité à ce déjeuner quelques-uns de ses

salons
drawing rooms

hôtel
mansion, house

dépensés
spent
les dames
the ladies

beau
handsome

ceux que
those whom

fières
proud
tour à tour
by turn

grâce à
thanks to

déjeuner
to lunch
quelques-uns
a few

61

ceux-ci
the latter
obtenir
to obtain

en vérité
to tell you the truth
tout
very much

posséder
to possess

les rideaux
the curtains

salué
bowed to
poliment
politely

les invités
the guests

meilleurs amis. Ceux-ci, pleins de curiosité, sont venus en avance pour obtenir d'Albert quelques renseignements (information) sur le comte de Monte-Cristo.

— D'où vient-il et qui est-il? demande Lucien Debray.

— En vérité, je n'en sais rien; tout ce que je peux vous dire c'est qu'il était à Rome il y a trois mois, qu'il a tout l'air et les manières d'un grand seigneur (aristocrat), et qu'il semble posséder une fortune immense. Pour le reste, vous allez en juger vous-mêmes au déjeuner.

Il raconte alors son aventure dans les catacombes et comment l'intervention du comte lui a sauvé la vie.

— Il a payé votre rançon? demande Château-Renaud.

— Non, il a simplement dit deux mots à Luigi Vampa, et celui-ci lui a accordé ma liberté.

— Avec toutes ses excuses? continue Château-Renaud ironiquement.

— Exactement, répond Albert.

On proteste que le vicomte exagère, mais son ami Frantz d'Épinay affirme que tout ce que raconte Albert est vrai.

A une heure exactement, on entend le bruit d'une voiture qui s'arrête devant la porte. On regarde discrètement derrière les rideaux de la fenêtre: c'est le comte qui arrive dans un splendide équipage (horses and carriage). Les beaux chevaux anglais sont l'objet de l'admiration des amis d'Albert, et Lucien Debray murmure qu'il les reconnaît et que Drake a refusé de les vendre, il y a huit jours, pour vingt mille francs la paire.

Un domestique ouvre la porte et annonce:

— Son Excellence, le comte de Monte-Cristo.

Albert s'avance en souriant vers le comte et après l'avoir salué, il commence les présentations.

A chaque nom prononcé, le comte salue poliment, mais avec une impassibilité tout anglaise. Cependant, quand Albert présente Maximilien Morel, le comte fait un imperceptible mouvement et regarde le jeune homme avec intérêt.

Le déjeuner est excellent, les invités sont gais, la conversation animée. On ne fait pas de questions à l'étranger mais, quand il parle, on l'écoute avec déférence. Tour à tour amusant et sérieux, il charme ses compagnons de table par son esprit, son érudition, et sa culture de cosmopolite.

Les invités partagent l'opinion d'Albert que le comte de Monte-Cristo est en vérité un grand seigneur (true aristocrat) 5 et son prestige est plus grand que jamais.

Resté seul avec le comte après leur départ, Albert lui dit :

— Monsieur le comte, j'ai annoncé votre visite à mes parents qui sont impatients de vous remercier d'avoir sauvé la vie de leur fils. Voulez-vous me faire l'honneur de m'ac- 10 compagner chez mon père ?

— Certainement, répond le comte poliment.

Albert habite un petit pavillon qui communique avec la maison de ses parents par un long corridor. En entrant dans le vestibule des Morcef, le comte aperçoit un blason (coat of 15 arms).

— Ah ! dit-il, ce sont les armes de votre famille ?

— Oui, monsieur, répond Albert très fier, ce sont les armes des Morcef. Mon père m'a dit que notre maison était une des plus vieilles et des plus nobles de France.

20 Un sourire furtif passe sur les lèvres de Monte-Cristo :

— Je n'en doute pas, répond-il avec politesse.

Le comte de Morcef attend ses visiteurs dans le grand salon. C'est un homme d'une quarantaine d'années, au visage bronzé, à la physionomie vulgaire et arrogante. Il parle d'une 25 voix pompeuse et ses manières révèlent la vanité du nouveau-riche. Il s'avance vers le comte qui est resté immobile et comme paralysé à la porte du salon.

Albert, qui ne s'aperçoit pas de l'émotion extraordinaire de Monte-Cristo, dit à son père :

30 — Mon père, j'ai l'honneur de vous présenter monsieur le comte de Monte-Cristo.

— Monsieur le comte, dit M. de Morcef d'une voix céré-monieuse, madame la comtesse et moi, nous savons que c'est grâce à vous que nous avons encore notre fils. Acceptez, je 35 vous prie, l'assurance de notre profonde gratitude.

Monte-Cristo répond d'un ton froid :

— Monsieur le vicomte exagère beaucoup ce que j'ai fait pour lui. Tout autre, à ma place, aurait fait (would have done)

esprit
wit

habite
lives in
par
through

les lèvres
the lips

une quarantaine
around forty

je vous prie
I beg of you

froid
cold
tout autre
anyone else

aucune
no

s'apercevoir de
to notice
la froideur
the coldness

plaisir
pleasure

elle veut bien
she is willing

offrir
to offer

celle-ci
the latter

exactement la même chose, et vous ne me devez aucune gratitude pour cet acte de simple humanité.

M. de Morcef ne semble pas s'apercevoir de la froideur de son visiteur. Après l'avoir remercié une fois encore, il continue : 5

— Mon fils nous a dit, monsieur, que vous avez l'intention de passer quelques mois à Paris. J'espère que nous aurons (shall have) l'honneur de vous voir de temps en temps ?

— Je vous remercie beaucoup, monsieur, et j'accepte l'invitation avec plaisir. 10

— Je dois partir dans quelques minutes, ajoute M. de Morcef d'un air important. Je dois faire un discours à la Chambre des Pairs[1] à trois heures. Voulez-vous me faire le plaisir de m'y accompagner ?

— Je regrette beaucoup, monsieur, mais je suis arrivé de 15 Cadix ce matin seulement et je ne suis pas encore allé voir l'installation que mon intendant (steward) doit avoir préparée pour moi. Je vais attendre madame la comtesse, puisqu'elle veut bien me faire l'honneur de me recevoir, mais je dois partir immédiatement après. 20

— En ce cas, monsieur, voulez-vous bien accepter mes excuses ?

— Bien certainement, monsieur.

Le comte de Morcef s'avance vers le comte de Monte-Cristo, mais celui-ci ne semble pas voir le mouvement que 25 M. de Morcef a fait pour lui offrir la main. Embarrassé, M. de Morcef s'arrête et salue le comte cérémonieusement. Celui-ci salue à son tour avec la plus grande politesse, le visage impassible et froid.

Après le départ de M. de Morcef, Monte-Cristo parle un 30 instant avec Albert en attendant l'arrivée de Mme de Morcef.

— Ah ! dit enfin Albert, voici ma mère.

Monte-Cristo se retourne et aperçoit la comtesse. Celle-ci s'est arrêtée à la porte en entendant la voix de Monte-Cristo et semble agitée d'une violente émotion. Le comte s'avance 35

[1] Chambre des Pairs, from 1814 to 1848, the higher of the two legislative houses, the members of which were called Pairs (Peers of the realm).

vers elle et la salue avec respect. Elle le regarde un instant
devient soudain pâle comme la mort:

— Ma mère, dit Albert en se précipitant à son secours,
qu'avez-vous² donc?

5 — Rien, dit-elle d'une voix tremblante, mais ce n'est pas
sans émotion que je vois devant moi l'ami généreux auquel je
dois la vie de mon fils, ajoute-t-elle avec effort.

Puis s'adressant directement au comte:

— Je vous remercie, monsieur, de tout mon cœur de mère,
10 et je remercie Dieu qui vous a faits amis, mon fils et vous.

Le comte, plus pâle encore que madame de Morcef, la
salue de nouveau, sans répondre.

Albert regarde tour à tour sa mère et le comte de Monte-
Cristo, stupéfait. L'agitation extraordinaire de sa mère, le
15 tremblement imperceptible des lèvres du comte, toujours si
calme et impassible, le troublent sans savoir pourquoi. Enfin,
après un long silence devenu presque intolérable, le comte
dit adieu à la comtesse, et accompagné d'Albert, il sort du
salon.

20 Albert reconduit Monte-Cristo à sa voiture. Au moment de
monter en voiture, le comte lève la tête et regarde la fenêtre
du salon des Morcef. Est-ce une illusion? il lui semble qu'un
mouvement imperceptible fait trembler le rideau de la
fenêtre. . . .

25 Il donne son adresse au domestique et la voiture part au
galop.

Quand Albert rentre au salon, il trouve sa mère pâle et
frissonnante, les yeux hagards:

— Ma mère! s'écrie-t-il alarmé, qu'avez-vous donc? Vous
30 êtes pâle comme une morte; on dirait (one would say) que
vous venez de voir un spectre.

— Un spectre, en effet, murmure la comtesse.

Après un long silence, elle demande à son fils:

— Albert, qu'est-ce donc que ce comte de Monte-Cristo?
35 — Oh! c'est un homme remarquable, absolument unique.
Il a voyagé par toute l'Europe et l'Asie, mais c'est la première
fois qu'il vient en France.

² **qu'avez-vous** what is the matter with you

auquel
to whom

stupéfait
astounded
le tremblement
the trembling
presque
almost

frissonnante
shivering

qu'est-ce donc que
who is

— En êtes-vous sûr? Il parle comme un Français, sans accent.

croient
believe

— Je sais; mais les Italiens croient qu'il est Italien, les Anglais qu'il est Anglais. On ne sait rien de ses origines mais ce qui est sûr, c'est que c'est un grand prince, que son éduca- 5

parfaite
perfect

tion est parfaite et sa fortune fabuleuse.

— Quel peut être l'âge du comte? demande madame de Morcef comme si cette question était d'une grande importance pour elle.

— Personne ne sait. Il a l'air d'avoir une expérience vieille 10

le monde
the world
trente-cinq
thirty-five
tout au plus
at the most

comme le monde, mais il a le physique d'un homme jeune encore, trente-cinq ans tout au plus.

— Trente-cinq ans, se dit-elle, non ce ne peut être lui. Mais son instinct de mère est alarmé:

— Albert, dit-elle frissonnante, vous dites que cet homme est 15 votre ami?

— Je le crois, madame.

trop
too much

— Albert, mon enfant, ne fréquentez pas trop le comte de Monte-Cristo. Je ne sais pas pourquoi, mais j'ai peur de lui.

— Peur de lui? s'écrie Albert, peur d'un homme qui m'a 20 sauvé la vie? Ma mère, pourquoi dites-vous cela?

— Albert, avez-vous regardé cet homme attentivement? Avez-vous regardé dans ses yeux? C'est un spectre, vous dis-je, continue-t-elle avec agitation, un spectre qui apporte la mort avec lui. 25

Albert regarde sa mère, stupéfait:

— Ma mère, dit-il, expliquez-moi. . . .

Mais la comtesse ne l'entend pas. Pâle et tremblante, elle semble perdue dans une méditation douloureuse.

— Décidément, se dit Albert, voilà un homme bien re- 30 marquable pour avoir fait une pareille impression à ma mère.

Chapitre XIV

Le crédit illimité[1]

Le lendemain, vers deux heures, la voiture du comte de Monte-Cristo s'arrête devant la porte de l'hôtel du baron Danglars. Le comte de Monte-Cristo descend de voiture et demande si monsieur le baron Danglars peut le recevoir. Un
5 domestique le fait entrer dans un riche salon et va annoncer sa visite au baron qui arrive immédiatement. Celui-ci salue le comte qui salue à son tour avec une froide politesse.

— C'est à monsieur le comte de Monte-Cristo que j'ai l'honneur de parler? demande Danglars.

10 — A lui-même, monsieur.

— Monsieur le comte, j'avais justement l'intention d'aller vous voir moi-même. La maison Thomson & French vient de m'envoyer une lettre vous concernant que je ne comprends pas très bien.

vient d'envoyer has just sent

15 — Comment cela, monsieur le baron?

— Cette lettre ouvre au comte de Monte-Cristo un crédit illimité sur ma maison de banque.

illimité unlimited

— Eh bien! monsieur, qu'y a-t-il que vous ne comprenez pas?

— Le mot illimité, monsieur . . . le terme est si vague. . . .

20 — Cependant monsieur, si je ne sais de quelles sommes je peux avoir besoin?

[1] **crédit illimité** unlimited credit

67

— Oui, oui, je comprends, mais . . . supposez que vous me demandiez (that you should ask) une somme énorme . . . extravagante . . . un million par exemple, dit-il avec un gros rire, dois-je vous le donner?

Et le baron regarde le comte d'un air ironique.   5

— Un million? s'écrie le comte, affectant un air de profonde surprise, un million? Mais monsieur, je ne fais pas ouvrir un crédit pour une aussi petite somme. Un million! Que voulez-vous que je fasse² d'un million? J'ai toujours un million sur moi en cas de besoin.   10

une aussi petite
such a small

Et Monte-Cristo montre à Danglars deux bons au porteur (cashier checks) de cinq cent mille francs chacun.

chacun
each
le banquier
the banker

Le banquier regarde Monte-Cristo avec des yeux stupides de surprise.

— Je vois que vous hésitez, dit le comte; peut-être n'avez- 15
vous pas les ressources nécessaires?

peut-être
perhaps

— Oh! dit Danglars avec un rire plein de vanité, la maison Danglars est solide, monsieur.

— Alors, vous n'avez peut-être pas confiance en la maison Thomson & French? En ce cas, voici deux lettres pareilles à 20
celle que vous avez et qui m'ouvrent chacune un crédit illimité sur deux autres banques. Celle-ci est de la maison Baring de Londres sur la banque Lafitte et celle-là de la maison Arstein & Eskeles de Vienne sur la banque Rothschild. Dites un mot, monsieur, et je vais m'adresser à l'une de ces 25
banques.

n'avez pas confiance en
do not trust

Le banquier ouvre d'une main qui tremble visiblement les deux lettres que lui montre le comte. Il vérifie les signatures et dit d'un ton plein de respect:

— Ah! monsieur, voilà trois signatures qui représentent 30
bien des millions. Trois crédits illimités sur nos maisons! La chose est assez extraordinaire pour excuser ma surprise.

bien des
many
assez
enough
la mienne
mine

— Alors, dit le comte, vous avez confiance en ces signatures et, ajoute-t-il avec un petit sourire, en la mienne?

— Oh! monsieur le comte, dit Danglars devenu soudain 35
très obséquieux, j'ai absolument confiance en vous. Je vais

² que voulez-vous que je fasse de   what do you want me to do with

vous ouvrir immédiatement un crédit illimité sur la banque Danglars. Cependant . . . pouvez-vous me donner approximativement une idée de la somme que vous désirez pour vos besoins immédiats?

5 — C'est difficile à dire, monsieur. C'est la première fois que je viens à Paris et je n'ai aucune idée de ce que je vais avoir à dépenser . . . cependant . . . il me semble qu'une somme de six millions pour la première année . . .

— Six millions! répète Danglars, suffoqué (flabbergasted),
10 six millions!

— Oui, et pour commencer, envoyez-moi, je vous prie, cinq cent mille francs demain avant dix heures.

— Certainement, certainement, répond le baron d'un ton machinal (mechanical), tandis qu'il se répète: six millions!

15 Le comte se lève alors pour partir, mais le baron l'arrête d'un geste et lui dit:

— Monsieur le comte, madame la baronne, qui sait que vous êtes ici, a manifesté le désir de vous voir. Voulez-vous me permettre de vous présenter?

20 — Avec plaisir, dit le comte; et il suit le baron qui le conduit aux appartements de madame Danglars.

Quelques dames sont en ce moment dans le salon. Le baron présente le comte de Monte-Cristo à la baronne qui le présente ensuite à ses amies.

25 Il se fait un silence; toutes les dames examinent furtivement le comte de Monte-Cristo qui leur dit en souriant:

— Mesdames, continuez, je vous prie, votre conversation.

— Madame de Villefort, dit la baronne, en indiquant d'un signe une jeune dame blonde et charmante, nous donnait,
30 quand vous êtes entré, les derniers détails sur un fameux cas d'empoisonnement. C'est le cas de la femme Barier qui a empoisonné trois personnes de la famille de son mari pour obtenir leur argent. Vous savez sans doute, ajoute madame Danglars, que le mari de madame de Villefort est procureur
35 du roi et que c'est lui qui est chargé de l'affaire?

— En effet, dit Monte-Cristo, l'affaire est dans tous les journaux. Un cas d'empoisonnement avec de l'arsenic, n'est-ce pas? Ce que je ne comprends pas, ajoute-t-il, c'est qu'un

se lève
rises

permettre
allow

il se fait
there is

mesdames
ladies

nous donnait
was giving us

empoisonnement
poisoning
empoisonné
poisoned
mari
husband

les journaux
the newspapers

employer
to use

criminel soit (should be) assez stupide pour employer l'arsenic.

— Pourquoi cela? demande madame Danglars.

retrouver
find

— Parce qu'on peut toujours retrouver les traces de ce poison.

— Mais, dit madame de Villefort, est-ce que tous les poisons ne laissent pas une trace?

— Pas tous, madame. En Orient, où la science des poisons est très avancée, on connaît des poisons subtils qui n'en laissent pas. Voyez, dit-il, en montrant une petite fiole (phial),

dont
of which
une goutte suffit
a drop suffices
à plus forte
a stronger

voici un élixir dont la base est *l'aqua-tofena*. Une goutte suffit pour arrêter en un instant une attaque cardiaque, mais à plus forte dose, c'est un poison terrible. *L'aqua-tofena* empoisonne avec tous les symptômes de l'apoplexie, et comme elle ne laisse aucune trace, le médecin, s'il n'a pas de soupçons, attribue généralement la mort de la victime à des causes naturelles.

— Je suppose, dit madame de Villefort avec son plus charmant sourire, que personne ne peut acheter ce terrible poison?

— Oh! pour cela, non![3] dit le comte en riant. *L'aqua-tofena* était le secret des Borgia, et cet élixir a été préparé spécialement pour moi par un vieil Italien qui en a retrouvé le secret. C'est une chose curieuse, ajoute-t-il, que cet élixir, qui m'a sauvé la vie plusieurs fois, pourrait (could), entre des mains ignorantes ou criminelles, causer la mort de cent personnes.

Les dames demandent à voir le fameux élixir, et la petite fiole (phial) passe de mains en mains. . . .

Cependant la conversation continue, animée, brillante. Le comte captive toutes les dames par son charme et sa galanterie et il reçoit une avalanche d'invitations. Souriant, il écrit les dates, les adresses . . . ne refusant aucune invitation. Mais on

viennent chercher
are coming for

annonce l'arrivée des voitures qui viennent chercher ces dames. Avec un dernier sourire pour le comte, elles disent adieu à madame Danglars et sortent du salon.

Après leur départ, le comte reste un moment encore avec madame Danglars, puis il se lève pour partir lui aussi. Soudain,

partout
everywhere
a disparu
has disappeared

il pense à l'élixir . . . où est-il? On le cherche partout, mais en vain; le poison a disparu.

[3] **pour cela, non** as for that, no

Le lendemain, tout Paris sait, grâce à M. Danglars, que le comte de Monte-Cristo a décidé de passer un an à Paris, qu'il va dépenser six millions et donner des fêtes splendides. Tout le monde veut l'inviter; il n'y a pas un bal, pas un dîner, pas une
5 réception sans lui. Il a réussi à captiver les imaginations; il est devenu l'idole des Parisiens.

Lui, cependant, reste impénétrable. Toujours affable et correct, souriant de ce sourire pâle et énigmatique qui a fait si peur à madame de Morcef, il va partout, de salon en salon,
10 sans se faire d'amis, sans permettre à personne de pénétrer dans son intimité (private life), de connaître l'homme sous le masque.

a fait si peur à
frightened so much

Trois mois après son arrivée, le comte et la comtesse de Morcef donnent un bal auquel le comte de Monte-Cristo est
15 invité. Celui-ci, qui n'est pas retourné chez eux depuis sa première visite, accepte leur invitation.

Le soir du bal, il arrive chez les Morcef vers dix heures. La plupart des invités sont déjà là, et le bruit des conversations, des rires discrets remplit les salons d'un murmure joyeux.

la plupart
most of

20 Soudain, un laquais annonce:

— Monsieur le comte de Monte-Cristo!

Il se fait un silence; tous les yeux se tournent vers le comte qui s'avance lentement, un sourire aux lèvres, sans paraître s'apercevoir que tous les regards sont fixés sur lui.

sans paraître
without seeming

25 Madame de Morcef, très pâle, sourit au comte qui s'incline devant elle avec respect. M. de Morcef le reçoit cordialement et, fier de la présence du comte dans ses salons, il l'emmène pour le présenter à ses invités.

s'incline
bows to

La comtesse suit le comte des yeux. . . . Un laquais passe
30 dans le salon, offrant des rafraîchissements (refreshments); quand il se tourne vers Monte-Cristo, celui-ci refuse avec un imperceptible mouvement de répulsion.

il se tourne
he turns toward

Madame de Morcef appelle son fils:

— Albert, dit-elle, je pense à une chose. . . .
35 — A quoi donc, ma mère?

— C'est que le comte n'a jamais accepté de dîner chez M. de Morcef.

— Mais il a accepté de venir déjeuner chez moi.

— Chez vous, ce n'est pas chez le comte . . . et depuis qu'il est ici, je l'observe . . .

— Eh bien?

— Eh bien! il a refusé tous les rafraîchissements (refreshments). . . .   5

— Le comte mange très peu.

Madame de Morcef secoue la tête:

— Ce n'est pas la raison, dit-elle, mais je veux être sûre.

Elle s'approche de Monte-Cristo:

— Monsieur le comte, dit-elle, voulez-vous me faire le   10 plaisir de m'offrir votre bras pour aller au jardin?

bras
arm
jardin
garden
pâlit
turns pale

Le comte pâlit; un moment, il regarde la comtesse comme s'il avait l'intention de refuser, puis, sans rien dire, il lui offre le bras.

Ils traversent les salons et vont dans les jardins. Madame de   15 Morcef s'approche d'une table où l'on a placé des fruits superbes. Elle prend une pêche (peach) et l'offre au comte.

— Madame, dit le comte en s'inclinant, je vous prie de m'excuser, mais je ne mange pas de fruits.

— Monsieur, dit-elle d'une voix tremblante, il y a une   20 touchante tradition chez (among) les Arabes qui fait amis éternellement ceux qui ont mangé ensemble le pain et le sel. . . .

ensemble
together
le pain et le sel
bread and salt
les amitiés
friendships

— Je la connais, madame, mais nous ne sommes pas chez les Arabes; nous sommes en France où les amitiés ne sont pas   25 éternelles.

— Mais . . . dit la comtesse d'une voix pleine d'anxiété, nous sommes amis, n'est-ce pas?

Le comte devient plus pâle encore . . . son bras tremble contre celui de la comtesse . . . mais en un instant, son visage   30 redevient un masque impénétrable, et c'est d'un ton de politesse froide qu'il répond:

— Certainement, madame, pourquoi pas?

promenade
walk

Ils continuent leur promenade; enfin, après un long silence, madame de Morcef demande timidement: 35

— Monsieur, on m'a dit que vous avez beaucoup voyagé et . . . beaucoup souffert?

souffert
suffered

— J'ai beaucoup souffert, oui, madame.

— Mais vous êtes heureux maintenant?

— Heureux? Qui peut se dire heureux?

— Vous vivez . . . seul?

— Je vis seul.

5 — Vous n'avez pas de famille? pas de père . . . de fils?

— Je n'ai personne. J'avais un père: il est mort de chagrin. J'avais des amis: ils m'ont trahi. J'avais une fiancée: elle m'a abandonné.

Tremblante, la comtesse murmure:

10 — Lui avez-vous pardonné?

— A elle? oui.

— Mais à elle seulement? Vous n'avez pas pardonné à ceux qui vous ont séparé d'elle?

Le comte ne répond rien. Son visage est devenu soudain dur et fermé. La comtesse frissonne:

15 — Rentrons, dit-elle.

vous vivez
you live

trahi
betrayed

pardonné
forgiven

frissonne
shivers

Chapitre XV

On nous écrit de Janina...

Albert de Morcef vient un jour faire une visite au comte de Monte-Cristo. En entrant dans le salon, il trouve le comte en conversation avec une jeune femme d'une beauté remarquable. Discrètement, il s'est arrêté à la porte en voyant cette dame, mais le comte s'écrie en souriant: 5

— Ah! mon ami, entrez donc! Je veux vous présenter à madame.

— Haydée, dit-il en se tournant vers la jeune femme, permettez-moi de vous présenter monsieur le vicomte de Morcef.

La jeune femme sourit d'un air aimable et offre au vicomte 10 une main charmante qu'il porte à ses lèvres.

aimable
amiable
porte à ses lèvres
raises to his lips

— Haydée, explique Monte-Cristo, est ma jeune protégée. Elle habite chez moi, mais elle ne va pas dans le monde, ce qui explique pourquoi vous ne l'avez pas encore rencontrée. Haydée a beaucoup souffert dans sa vie et elle est devenue un 15 peu misanthrope. Pauvre petite! son histoire est bien triste; voulez-vous l'entendre?

Alors, se tournant vers la jeune femme, il lui dit dans une langue (tongue) qu'Albert ne comprend pas:

— Haydée, racontez votre histoire à M. de Morcef, mais, 20 ajoute-t-il, ne lui dites ni le nom de votre père ni le nom de l'officier français.

Haydée commence son récit d'une voix triste:

— Je suis, dit-elle, la fille d'un grand vizir. Pendant la guerre avec les Turcs, mon père avait demandé au gouvernement français de lui envoyer quelques officiers pour commander ses troupes. Parmi ces officiers, il y en avait un que mon père préférait et en qui il avait toute confiance. La ville de Janina était alors notre forteresse la plus formidable. Mon père y avait fait transporter ses trésors et nous avait laissées, ma mère et moi, sous la protection de l'officier français.

Une nuit, nous sommes réveillées par un grand tumulte dans les rues. Le bruit se rapproche du palais (palace). On entend des cris... des portes s'ouvrent et se referment.... Tout à coup, nos domestiques font irruption dans (burst in) notre chambre, hagards et pâles de terreur:

— Les Turcs, disent-ils, les Turcs sont là!

— Impossible, s'écrie ma mère; les portes de la ville sont fermées, nos soldats sont sur les murs, et nous sommes sous la garde d'un brave officier français!

Hélas! à peine ma mère a-t-elle prononcé ces mots que les Turcs sont devant elle. Ils massacrent nos domestiques et nous sommes faites prisonnières....

— Mais où est donc l'officier français? dit ma mère; nous a-t-il abandonnées ou est-il mort en nous défendant?

Les Turcs se mettent à rire. Ils disent que c'est l'officier lui-même qui leur a ouvert les portes de la ville! Bientôt le traître arrive. Il conduit les Turcs à la place secrète où l'or de mon père est caché, et ils se partagent le trésor.

Tremblante d'indignation, ma mère me dit:

— Regarde bien cet homme, mon enfant, regarde-le pour ne jamais oublier ce visage de traître!

On nous a emmenées captives à Constantinople. Ma mère est morte de chagrin pendant le voyage et je suis restée seule. On m'a vendue au Sultan comme esclave (slave). C'est alors que monsieur le comte, dit-elle en regardant Monte-Cristo avec une affection touchante, c'est alors qu'il m'a rachetée et donné ma liberté.

Mais je ne peux pas oublier cette nuit terrible, ajoute-t-elle en frissonnant. Je revois toujours cette scène comme au premier

---

récit
tale

la guerre
the war

parmi
among
préférait
preferred

réveillées
awakened

les portes
the gates
soldats
soldiers

à peine
hardly

a ouvert
has opened
le traître
the traitor

oublier
to forget

on m'a vendue
they sold me

jour, et la nuit, le visage du traître passe devant mes yeux et j'entends encore la voix de ma mère . . . n'oublie pas. . . .

Albert a écouté ce récit le cœur rempli d'une généreuse indignation :

infâme
infamous

— Et qu'a-t-on fait pour punir cet officier infâme qui a ₅ déshonoré l'armée française ? demande-t-il.

Haydée secoue la tête tristement :

— Il n'y avait plus personne pour dénoncer le traître, dit-elle. Mon père est mort à la guerre et j'étais prisonnière . . . mais, ajoute-t-elle en regardant Monte-Cristo, je suis libre ₁₀ maintenant et j'attends avec impatience le jour où cet homme sera (will be) dénoncé et puni.

— En attendant, dit le comte avec un rire sardonique, le traître est rentré en France avec une immense fortune et comme tout s'achète (can be bought) maintenant, honneurs ₁₅ et distinctions, il est devenu pair de France.

— Mais le nom . . . le nom de cet officier, le sait-on ? demande Albert.

souvenirs
memories

Haydée, perdue dans ses souvenirs douloureux, ne semble pas entendre la question. ₂₀

pénibles
painful

— Allons, venez, dit le comte à Albert. Ces souvenirs sont très pénibles à Haydée ; elle a besoin de rester seule.

journal
newspaper

Quelques jours après cette visite, Albert en ouvrant son journal, y lit ce qui suit :

« On nous écrit de Janina . . . ₂₅

ne manque pas
does not lack
laquelle
which

Un épisode de la guerre de l'indépendance grecque (Greek) qui ne manque pas d'intérêt vient de nous être révélé. On a toujours été surpris de la facilité avec laquelle la ville de Janina est tombée aux mains des Turcs. Une rumeur circule ces jours-ci dans Paris qui explique pourquoi la ville est ₃₀

il paraît
it seems
confiée
entrusted

tombée si rapidement. Il paraît que la défense de la ville avait été confiée à un officier français en qui le vizir Ali-Tébelin avait toute confiance. On dit que c'est cet officier qui a ouvert lui-même les portes de la ville aux Turcs et qu'en échange de cette

trahison
betrayal
s'appelait
was called

trahison, les Turcs ont partagé avec lui les trésors d'Ali-Tébelin. ₃₅

Cet officier français qui a déshonoré l'armée française par cette trahison infâme s'appelait Fernand Mondego. »

Albert est devenu livide . . . Mondego! mais c'est le nom de famille de son père! Est-ce possible! on accuse son père d'être un traître, un infâme!

— Ah! s'écrie-t-il, je sais qui est responsable de cet article; c'est le comte de Monte-Cristo; c'est lui qui a donné cette histoire au journal.

Albert se rappelle maintenant de quel air sardonique le comte l'a regardé quand il lui a dit que le traître était devenu pair de France.

Tremblant d'indignation, il se rend immédiatement à l'hôtel de Monte-Cristo.

Le comte n'est pas chez lui; il est à l'Opéra. Accompagné de deux amis, Albert se rend à l'Opéra; il entre dans la loge (box) du comte.

Monte-Cristo, en le voyant, se lève avec un sourire aimable, mais à peine a-t-il dit un mot qu'Albert l'arrête d'un geste:

— Monsieur le comte, dit-il, je viens vous demander une explication.

— Une explication? à l'Opéra?

Albert parle avec violence et maintenant les personnes placées dans les loges voisines peuvent entendre tout ce qu'il dit:

peuvent
can

— Monsieur, continue-t-il, je sais que vous êtes responsable de l'article qui vient d'être publié (published) dans le journal *L'Impartial.* Cet article qui attaque l'honneur de mon père et le mien est une infâme calomnie, et je viens vous en demander raison.[1]

le mien
mine

— Ah! dit le comte, toujours impassible, en ce cas je suis à votre disposition; envoyez-moi vos témoins. Et maintenant, monsieur, sortez! J'aime beaucoup cet opéra et vous faites tant de bruit que je ne puis l'entendre.

témoins
seconds

tant de
so much
je ne puis
I cannot
heureusement
fortunately

Le ton calme du comte est si plein d'insolence qu'Albert fait un mouvement pour se jeter sur lui. Heureusement ses amis sont là; ils l'emmènent hors de la loge, puis ils reviennent arranger les conditions du duel.

Le duel est fixé au lendemain, à dix heures. Le comte, imperturbable, attend la fin de l'opéra, puis il rentre chez lui.

la fin
the end

[1] Formula used to challenge to a duel.

Une femme est là, dans le salon, qui semble attendre son retour : c'est la comtesse de Morcef.

— Vous ici, madame! dit le comte stupéfait.

La comtesse s'avance vers lui, et dit d'une voix sourde (toneless) :

tuer
kill

— Edmond, vous ne pouvez pas tuer mon fils.

Monte-Cristo est devenu livide.

— Quel nom avez-vous prononcé là? murmure-t-il.

le vôtre
yours
vous croyez
you think
reconnu
recognized

— Le vôtre, s'écrie Mercédès, le vôtre que seule je n'ai pas oublié. Ah! vous croyez qu'une femme qui vous a aimé comme je vous ai aimé peut vous oublier, ne pas vous reconnaître? Edmond, je vous ai reconnu le jour de votre première visite, au seul accent de votre voix. Edmond, je sais qui vous êtes et c'est pourquoi je vous dis : vous ne pouvez pas tuer mon fils.

— Et pourquoi pas, madame? demande le comte d'un ton si froid que la pauvre femme en frissonne de terreur.

— Edmond, ayez pitié! (have mercy!) ne tuez pas mon fils.

— Madame, dit Monte-Cristo avec un calme terrible, vous me demandez d'avoir pitié du fils de Fernand . . . de ce fils qui vient de m'insulter en public. . . .

— Le pauvre enfant vous croit responsable de l'horrible accusation qui déshonore son père.

propre
own

— Ce n'est pas moi qui déshonore M. de Morcef; ce sont ses propres actions qui le déshonorent.

m'a épousée
married me

— Mais c'est vous qui les avez révélées! Pourquoi ce désir de vengeance contre Fernand? Il m'a épousée, c'est vrai, mais c'est ma faute. C'était à moi de refuser. C'est moi seule que vous devez blâmer; Fernand ne vous a rien fait.

— Vous croyez? eh bien! écoutez : c'est Fernand qui m'a dénoncé à la police pour me séparer de vous. Regardez, dit-il, en lui montrant la lettre de Fernand, reconnaissez-vous cette signature? Oui, c'est Fernand qui a commis cette infamie pour me prendre ma fiancée.

commis
committed

Mercédès chancelle (staggers) sous le choc de cette terrible révélation.

— Mon dieu! dit-elle, est-ce possible? Fernand a fait cela?

— Oui, et cet homme qui a commencé sa vie par une infâme trahison a continué de trahison en trahison. Voilà

l'homme que vous avez épousé, madame; voilà l'homme dont
je vais me venger en tuant son fils.

— Mais c'est mon fils, à moi aussi! mon fils que j'aime, qui
est toute ma vie. Grâce, Edmond! dit-elle en tombant à
5 genoux, grâce pour mon fils! Ah! vous qui savez ce que c'est
que d'être puni quand on est innocent, n'allez-vous pas
hésiter à frapper un innocent pour punir un criminel?

Le comte ne répond rien; sombre et silencieux, il regarde
cette femme à ses genoux, cette femme qu'il a tant aimée
10 autrefois. . . .

— Allons, dit-il enfin, relevez-vous madame, je fais grâce
à votre fils.

Mercédès pousse un cri de joie:

— Alors, ce duel ne va pas avoir lieu?

15 — Ce duel va avoir lieu, madame; vous oubliez que
l'insulte a été faite en public, que le duel est inévitable; seulement, ajoute-t-il avec un sourire amer, au lieu de tuer votre
fils, c'est lui qui va me tuer.

Mercédès ne semble pas entendre ces derniers mots; elle
20 prend la main du comte et la porte à ses lèvres:

— Edmond, dit-elle, vous êtes toujours le même noble cœur.
Vous venez de rendre un fils à sa mère. Soyez béni (God bless
you) Edmond; adieu et merci.

Le comte la regarde partir avec un sourire amer. Comme
25 elle a accepté facilement son sacrifice! Elle n'a pas fait un
mouvement, pas dit un mot quand il a offert sa vie pour celle
de son fils. Et cependant, c'est un sacrifice héroïque qu'il vient
de faire pour elle, car il lui a fait non seulement le sacrifice
de sa vie, mais encore celle de sa vengeance.
30 Le bruit de la voiture de Mercédès qui s'éloigne dans la
nuit le fait sortir de ses pensées douloureuses.

— Ah! murmure-t-il amèrement, pourquoi faut-il qu'il me
reste un cœur![2]

[2] **pourquoi faut-il qu'il me reste un cœur** why must I have
some feeling left

---

me venger
to avenge myself

grâce
mercy
à genoux
on her knees

silencieux
silent
tant
so much
je fais grâce à
I pardon

avoir lieu
to take place

amer
bitter
au lieu de
instead of

venez de rendre
have given back

comme
how

il a offert
he offered
cependant
yet

Chapitre XVI

A la Chambre des Pairs

endroit
place
se battre
fight

Le lendemain, un peu avant dix heures, le comte de Monte-Cristo se rend avec ses témoins à l'endroit où l'on doit se battre en duel. Albert n'est pas encore arrivé. Le comte, très calme, attend son adversaire.

A dix heures exactement, on entend le bruit d'une voiture: c'est Albert qui arrive avec ses témoins. On se salue avec une froide politesse. Les témoins sont prêts à donner le signal du combat, quand tout à coup Albert s'avance vers le comte. Il est très pâle et les mots semblent sortir avec difficulté de ses lèvres tremblantes:

prêt à
ready to

— Monsieur le comte, dit-il, ma mère m'a tout dit et je vous prie d'accepter mes excuses.

je vous prie
I beg you

Les témoins se regardent avec consternation: des excuses! après une insulte faite en public!

— Messieurs, dit Albert qui lit leurs pensées, ne me demandez pas d'explication. Un secret de famille vient de m'être révélé; un secret qui m'oblige à faire des excuses au comte de Monte-Cristo et à refuser de me battre avec lui. Mais, ajoute-t-il, en regardant fixement ses témoins, si quelqu'un doute de mon courage, je suis prêt à me battre avec lui.

Tout cela a été dit d'un ton si plein de dignité que personne ne proteste. Le comte s'avance vers Albert:

— Monsieur de Morcef, dit-il en s'inclinant, j'accepte vos excuses.

Albert et ses témoins s'éloignent en silence. Le comte le suit d'un regard où l'on peut lire à la fois l'admiration et la
5 pitié. Ainsi donc, Albert n'a pas hésité à faire ce que sa conscience lui ordonnait (ordered) de faire. Il n'a pas reculé devant la pénible obligation de faire des excuses publiques au risque de perdre la considération et l'estime du monde! Il comprend maintenant ce qui s'est passé: pour empêcher le
10 duel entre le comte et Albert, Mercédès a révélé à son fils le terrible secret de la trahison de Fernand. Pauvre Albert! pauvre enfant chez qui (in whom) le respect et l'affection filials viennent d'être tués brutalement! Un innocent, comme le dit sa mère, il va payer pour le criminel . . . est-il donc
15 impossible de punir les uns sans frapper les autres?

Cependant, à l'heure même où Albert présente ses excuses au comte de Monte-Cristo, le comte de Morcef se rend à la Chambre des Pairs. Comme il ne lit pas *L'Impartial* il n'a pas vu l'attaque dirigée contre lui et personne ne lui en
20 a parlé. Seul peut-être dans tout Paris, il ne sait rien. Le scandale, cependant, est énorme. La plupart des pairs sont arrivés en avance et dans les corridors de la Chambre règne une agitation extraordinaire; on se passe le journal de main en main, on lit l'article, on fait des commentaires. . . .
25 M. de Morcef, d'habitude très ponctuel, est en retard ce matin-là, et quand il entre dans la Chambre, la séance (session) est déjà ouverte. Son entrée cause une sensation. Lui, qui en ignore la cause, prend sa place avec le plus grand calme. Le débat continue, mais personne ne fait attention à la
30 discussion. On murmure, on jette au comte des regards pleins d'indignation, on attribue à de l'insolence le calme qu'il affecte pendant les délibérations.

C'est alors qu'un des membres les plus honorables de la Chambre monte à la tribune et dit au milieu du silence genéral:
35 — Messieurs, j'appelle l'attention de la Chambre sur une chose tellement grave qu'elle engage l'honneur de tous ses membres. . . .

à la fois / at the same time / la pitié / pity / reculé / recoiled / l'estime du monde / people's esteem / empêcher / to prevent / il n'a pas vu / he has not seen / cependant / however / règne / reigns / d'habitude / usually / en retard / late / fait attention / pays attention / jette des regards / cast glances / au milieu de / in the midst of / tellement / so

Aux premiers mots prononcés par l'orateur, tous les yeux se tournent vers le comte de Morcef qui se demande avec une vague inquiétude pourquoi on le regarde si obstinément.

Cependant l'orateur continue :

— Le journal *L'Impartial* vient de publier (has just pub- 5 lished) un article que je demande la permission de lire devant la Chambre. . . .

Aux premiers mots de Janina . . . Ali-Tébelin . . . le comte de Morcef est devenu horriblement pâle. Il écoute, les yeux hagards, l'accusation terrible.   10

Un silence de mort règne dans la Chambre. Devant la révélation de ce crime ignominieux, les collègues du comte le regardent avec indignation.

— L'honneur de monsieur de Morcef, continue l'orateur, et l'honneur de la Chambre des Pairs demandent une investiga- 15 tion immédiate. Monsieur de Morcef accepte-t-il une enquête (inquest) ?

— Certainement, répond le comte d'une voix à peine intelligible, et je me mets à la disposition de la Chambre.

La Chambre décide de commencer l'enquête immédiate- 20 ment et de convoquer une séance (session) extraordinaire pour le soir-même.

Peu à peu, le comte reprend courage. Il se dit que l'affaire s'est passée il y a plus de dix ans, qu'il n'y a plus de témoins et qu'il va pouvoir inventer une histoire pour se justifier. Il 25 va mentir, mentir avec effronterie et forcer ses ennemis au silence.

Lorsqu'il se présente le soir devant la Chambre, il a retrouvé tout son calme. Il affecte l'air d'un homme qui a été injustement calomnié et c'est d'un ton plein de dignité qu'il répond 30 aux accusations.

Cette attitude fait une excellente impression sur ses collègues qui l'écoutent favorablement.

— Messieurs, dit-il simplement, je suis la victime d'une horrible calomnie. Je n'ai pas ouvert les portes de Janina aux 35 Turcs et je n'ai pas trahi la confiance d'Ali-Tébelin. Il m'a honoré de sa confiance jusqu'à sa mort et avant de partir en guerre il a placé sa femme et sa fille sous ma protection.

peu à peu
little by little
témoins
witnesses

mentir
to lie

la confiance
the trust
jusqu'à
until

— Et ces femmes, que sont-elles devenues?

— Je les ai conduites moi-même dans la famille de la jeune femme où elles ont trouvé refuge.

5 — Tu mens! dit une voix de femme qui semble venir d'une des galeries ouvertes au public; tu mens, Fernand Mondego! **tu mens** you lie

Cette interruption cause une sensation énorme. Tous les regards se tournent du côté d'où vient la voix. Une jeune femme s'est levée . . . c'est elle qui vient d'accuser M. de Morcef de mentir.

10 — Qui êtes-vous, madame? demande le président d'une voix grave.

— Je suis la fille d'Ali-Tébelin, répond-elle simplement.

Le comte de Morcef pâlit et fait un geste comme pour repousser cette terrible apparition. **repousser** to repel

15 Le président invite Haydée à paraître devant la Chambre; d'une voix calme, Haydée commence son récit:

— Cet homme, dit-elle en montrant M. de Morcef, était l'ami de mon père qui l'avait chargé de défendre la ville de Janina contre les Turcs et nous avait placées, ma mère et moi, 20 sous sa protection. Une nuit, les Turcs sont entrés dans le palais (palace) et j'ai vu de mes propres yeux ce traître les conduire à l'endroit où les trésors de mon père étaient cachés.

— Madame, demande le président, pouvez-vous prouver vos accusations?

25 Un sourire de triomphe passe sur les lèvres de la jeune femme:

— Certainement, dit-elle; voici mon acte de naissance (birth certificate) attestant que je suis la fille d'Ali-Tébelin. Voici l'acte de vente (bill of sale) de ma personne au marchand 30 d'esclaves (slaves) El-Kabbir pour une somme de quatre mille francs. Voyez la signature: Fernand Mondego. Enfin voici l'acte de vente de ma personne, signé par le sultan de Constantinople, au comte de Monte-Cristo, mon maître actuel.

A la vue de ces documents, il se fait un profond silence 35 dans la Chambre. Le comte, pétrifié, regarde Haydée avec des yeux pleins d'une terreur abjecte.

Alors le président, se tournant vers lui, lui demande d'un ton froid:

— Monsieur de Morcef, reconnaissez-vous madame pour la fille d'Ali-Tébelin, pacha de Janina?

Le comte fait un dernier effort pour se défendre:

— Non, murmure-t-il d'une voix sourde (toneless); non, tout cela est une invention de mes ennemis pour me **perdre**. [5]

perdre
to ruin

A ces mots, Haydée se retourne vers lui et dit avec un calme terrible:

— Tu ne me reconnais pas, Fernand Mondego? eh bien! moi, je te reconnais. Rappelle-toi les dernières **paroles** de ma mère quand les Turcs nous ont emmenées: «Regarde bien [10] ce traître, mon enfant, m'a-t-elle dit, pour ne jamais oublier son visage.» Et je n'ai jamais oublié ton visage, traître! assassin!

paroles
words

Elle s'avance vers le comte **dont** le visage livide trahit la terreur et la culpabilité. Il fait un geste comme pour la re- [15] pousser, puis **brusquement**, il sort de la Chambre.

dont
whose

brusquement
abruptly

Un instant après, au milieu du profond silence qui s'est fait (which has fallen) dans la Chambre, on entend le bruit d'une voiture qui s'éloigne au galop. . . .

Arrivé chez lui, le comte se rend directement aux apparte- [20] ments de sa femme. Il n'y trouve personne. Il appelle un domestique:

— Où est madame la comtesse? demande-t-il brusquement.

— Madame la comtesse vient de sortir avec monsieur le vicomte. Voici une lettre de madame la comtesse pour mon- [25] sieur le comte.

Le comte regarde un instant cette lettre qui le remplit, il ne sait pourquoi, d'une **nouvelle** terreur. Enfin il se décide à l'ouvrir et lit:

nouvelle
new

«Monsieur: [30]
Pour sauver la vie de mon fils, je suis allée prier à genoux le comte de Monte-Cristo de lui faire grâce. Il m'a révélé que Fernand Mondego avait autrefois, par une trahison horrible, envoyé un innocent en prison pour le séparer de sa fiancée. [35] Cette trahison, je ne peux pas la pardonner. Je pars; mon fils, qui est maintenant et par votre faute

déshonoré, vient avec moi. Nous partons tous deux, sans savoir ce que nous allons devenir, avec la seule pensée de nous éloigner de cette maison d'infâmie et de nous refaire une nouvelle vie. »

tous deux
together

refaire
make (over)

5 Le comte reste longtemps immobile, écrasé par ce nouveau coup. Ainsi donc, ce secret qu'il a toujours caché à Mercédès vient de lui être révélé après tant d'années! Mais qui est donc ce Monte-Cristo pour pénétrer ainsi les secrets des cœurs et des familles? Qui est cet homme qui vient de se montrer tout à 10 coup son ennemi mortel? Et maintenant qu'il y réfléchit, il est sûr que tout ce scandale de Janina vient de lui. . . . Haydée n'a-t-elle pas dit qu'il avait racheté sa liberté au Sultan?

écrasé
crushed
coup
blow

Le comte de Morcef prend une résolution soudaine. Il demande sa voiture et se fait conduire chez le comte de Monte-15 Cristo.

Monte-Cristo ne semble pas très surpris de cette visite. Il reçoit M. de Morcef debout, avec une politesse froide.

debout
standing

— Monsieur, dit brusquement le comte de Morcef, pour des raisons que j'ignore, il est évident que vous êtes devenu mon 20 ennemi mortel et que vous me poursuivez de votre haine. Vous êtes la cause directe de mon déshonneur et de la ruine de ma maison.

— La cause directe? dit le comte avec un sourire insolent; vous vous trompez. La cause directe de cette ruine, ce sont 25 les actions mêmes du comte de Morcef; je n'en suis que la cause secondaire.

vous vous trompez
you are mistaken

— Mais enfin,[1] monsieur, que vous ai-je donc fait pour que vous me poursuiviez (that you should pursue me) ainsi de votre haine?

30 — Vous ne vous trompez pas, monsieur. C'est bien la haine qui vous poursuit, une haine profonde, accumulée pendant des années de torture et d'agonie. Ce que je suis et ce que vous m'avez fait, dites-vous? Regardez-moi bien, monsieur le comte de Morcef . . . s'il est (if there is) un visage qui doit 35 vous poursuivre nuit et jour, c'est bien certainement le visage

poursuit
pursues

[1] **mais enfin** but (**Enfin** is often used for emphasis and in that case may be omitted in English.)

de votre première victime, du fiancé de Mercédès, de ce rival que vous avez envoyé en prison. . . .

Et le comte de Monte-Cristo s'avance vers Morcef en le regardant fixement, un sourire de haine et de triomphe sur les lèvres.

Le comte de Morcef recule, frissonnant de terreur, comme à la vue d'un spectre:

— Edmond Dantès! murmure-t-il.

Il sort brusquement, se jette dans sa voiture et crie:

— A l'hôtel! à l'hôtel!

Il rentre dans le vaste hôtel maintenant désert. Sa femme, son fils l'ont abandonné. Il est ruiné, déshonoré, son ennemi triomphe. . . .

— Edmond Dantès, murmure-t-il dans sa terreur; c'est le spectre d'Edmond Dantès qui **s'est levé** pour me punir . . . tout est fini. . . .

Quelques minutes après, on entend, **à travers** les salles désertes de l'hôtel, les répercussions d'un coup de revolver (a shot). Les domestiques se précipitent . . . le comte de Morcef vient de se suicider.

Le lendemain matin, Ali apporte le journal à son maître avec son déjeuner. Sur la première page et en grosses lettres on lit: «Suicide d'un Pair de France.» Le comte **jette les yeux** sur le journal et dit avec un sourire cruel: UN!

---

s'est levé
has arisen

à travers
through

jette les yeux
casts a glance

Chapitre XVII

Autour d'une succession[1]

Quelques jours après ces événements, on annonce dans les journaux que la marquise de Saint-Méran vient de succomber à une attaque d'apoplexie. Il y a à peine six semaines que M. de Saint-Méran est mort, frappé, lui aussi, d'apoplexie.
5 Ces deux morts, si près l'une de l'autre et si soudaines, ont causé une certaine émotion dans la capitale et sont le sujet de toutes les conversations.

Dans le salon de Monte-Cristo, deux amis, Beauchamp et Château-Renaud, parlent des Saint-Méran et de leur mort
10 soudaine.

— Quel âge avait madame de Saint-Méran? demande Château-Renaud.

— Soixante ans, répond Beauchamp; mais ce n'est pas son âge qui l'a tuée: elle est morte d'apoplexie.
15 — D'apoplexie? s'écrie Monte-Cristo, c'est difficile à croire. Elle était petite et de constitution nerveuse; les apoplexies sont rares dans ces cas-là.

— C'est possible, dit Château-Renaud, mais en tout cas c'est ce que dit le médecin. Et maintenant, voilà mademoiselle
20 Valentine de Villefort en possession d'une fortune considérable, un million je crois.

événements
events

près
close

soixante
sixty

en tout cas
in any case

[1] **autour d'une succession** concerning an inheritance

87

— Fortune qui sera (will be) doublée à la mort de son grand-père paternel, M. Noirtier. On dit que le vieux Noirtier a laissé toute sa fortune à Valentine et rien à son fils, M. de Villefort. Vous savez qu'il déteste son fils à cause de ses opinions politiques, et que c'est pour se venger qu'il laisse toute sa fortune à Valentine.

grand-père
grandfather

— Mais alors . . . Édouard, le fils de M. de Villefort, n'a aucune fortune? On dit que la deuxième madame de Villefort n'a pas de fortune personnelle.

— C'est très vrai.

— Et que dit M. de Villefort?

— Rien: le procureur du roi ne confie ses pensées à personne.

ne confie
does not confide

— Et madame de Villefort, que dit-elle?

— Oh! elle? elle est furieuse et ne s'en cache pas. Elle a toujours détesté la petite Valentine, et depuis qu'elle sait que le grand-père a favorisé Valentine au détriment d'Édouard, elle peut à peine cacher sa haine . . . vous savez que ce petit Édouard est son dieu. . . .

— Pauvre Valentine, dit Château-Renaud, sa vie avec cette méchante femme ne doit pas être agréable.

méchante
evil

Château-Renaud a dit vrai; la vie de Valentine est bien pénible dans cette maison. Heureusement, elle a son grand-père qui la protège et l'aime bien; elle a aussi Maximilien Morel. Le jeune homme l'a demandée en mariage à ses parents, mais madame de Villefort a refusé sous prétexte que Valentine était trop jeune; elle a même refusé à Maximilien la permission de continuer ses visites. M. Noirtier, à qui Valentine a tout confié et qui aime beaucoup Maximilien, l'a invité à venir voir Valentine chez lui. Le pauvre grand-père semble très troublé depuis la mort des Saint-Méran et regarde souvent la jeune fille avec inquiétude.

protège
protects

souvent
often

Un après-midi, Valentine est dans le jardin avec son grand-père et Maximilien Morel. Il fait chaud, et le vieux domestique, Barois, vient d'apporter de la limonade. Valentine accepte un verre de limonade des mains de Barois, mais au moment où elle va le porter à ses lèvres, son grand-père l'arrête d'un geste:

un après-midi
one afternoon
il fait chaud
it is hot
un verre
a glass

— Barois, demande-t-il, qui a préparé cette limonade?

— Madame de Villefort, monsieur; il fait chaud et madame
a envoyé ce breuvage pour vous et mademoiselle.

— Madame de Villefort est bien aimable, dit M. Noirtier,
mais nous n'aimons pas la limonade. Apportez-nous un verre
5 d'eau.

eau
water

Valentine sourit; elle croit que son grand-père a renvoyé
la limonade parce qu'il ne veut rien accepter de madame de
Villefort. . . .

Quelques moments après, Maximilien se lève pour partir.
10 Tout à coup, Barois paraît à la porte du jardin; le visage
convulsé, les yeux hagards, il semble souffrir horriblement:

souffrir
to suffer

— La limonade . . . dit-il avec difficulté . . . la . . . li . . . mo
. . . et il tombe mort.

M. Noirtier, Valentine et Maximilien le regardent, frappés
15 d'horreur. Ils comprennent ce qui est arrivé: le pauvre
domestique a bu la limonade qui leur était destinée et vient de
mourir empoisonné.

a bu
drank

Depuis leur rencontre chez Albert de Morcef, le comte de
Monte-Cristo et Maximilien sont devenus de grands amis.
20 Monte-Cristo aime beaucoup le jeune homme et Maximilien
sent instinctivement que le comte est son meilleur ami. Quelques jours après la mort de Barois, Maximilien vient voir
Monte-Cristo. Il est grave et semble préoccupé.

rencontre
meeting

sent
feels

— Mon cher Maximilien, qu'avez-vous donc? lui demande
25 le comte avec affection.

— Ah! monsieur, répond le jeune homme, je ne sais pas si je
dois vous confier un secret qui n'est pas le mien, mais j'ai
besoin des conseils d'un ami.

conseils
advice

— Parlez, Maximilien, vous savez bien que je vous aime
30 comme un fils.

Maximilien hésite un moment; enfin il se décide à parler.

— Un soir, dit-il, il y a quelques semaines, j'étais caché dans
un jardin pour y attendre . . . euh! quelqu'un.

Le comte sourit discrètement.

35 — Deux personnes, continue Maximilien, sont passées près
de moi. Permettez-moi de ne pas vous dire leur nom maintenant. L'une de ces personnes était le maître de la maison,

l'autre était un médecin, et voici mot pour mot ce que le médecin a dit:

— Monsieur, voici la deuxième fois que la mort entre dans votre maison dans des circonstances assez mystérieuses. . . . J'ai **d'abord** attribué ces morts à des causes naturelles, mais 5 depuis, j'ai changé d'opinion et je viens vous demander la permission de faire une autopsie. Je crois que ces deux personnes sont mortes empoisonnées.

— Empoisonnées? Impossible! vous devez vous tromper.

— Peut-être . . . en tout cas, je désire faire une autopsie. 10

— Je vous en prie, monsieur, réfléchissez au scandale qu'**une telle** décision va causer. Après tout, ces deux morts successives peuvent être dues à une simple coïncidence. . . .

— Vous avez raison, a dit le médecin après un moment de silence; je peux me tromper et je ne veux pas causer de 15 scandale. . . . Mais écoutez bien ceci, monsieur: si la mort revient frapper une troisième fois à votre porte, **j'avertis** immédiatement les autorités.

— Eh bien! ajoute Maximilien en tremblant, une troisième fois la mort a frappé à la même porte et le médecin n'a rien 20 dit.

— Mon cher ami, dit le comte de Monte-Cristo, vous me racontez une histoire qui fait le sujet de toutes les conversations. Je connais cette maison, c'est une famille d'Atrides[2] et Dieu les a condamnés. C'était monsieur de Saint-Méran il y 25 a trois mois, c'était madame de Saint-Méran il y a six semaines, c'était le pauvre Barois l'autre jour, mort pour avoir bu la limonade destinée à **quelqu'un d'autre.** Demain ce sera (it will be) le tour du vieux Noirtier ou de la jeune Valentine. **Laissez faire,** vous dis-je. C'est la justice de Dieu qui passe sur cette 30 maison maudite (accursed).

— Mais, s'écrie Maximilien avec désespoir, je l'aime, moi!

— Vous aimez qui? dit le comte en se levant brusquement et **en prenant** dans **les siennes** les mains de Maximilien.

— Valentine! je l'aime, entendez-vous? et je tremble pour 35 elle. Depuis la mort de Barois, le pauvre grand-père et moi

[2] The Atridae family, known in Greek legend for the horrible murders that its members committed against each other.

d'abord at first

une telle such a

j'avertis I notify

quelqu'un d'autre someone else **laissez faire** let it be

en prenant taking **les siennes** his

nous ne vivons plus.[3] La mort est dans cette maison, comprenez-vous?

— Malheureux! s'écrie Monte-Cristo, malheureux! tu aimes Valentine? tu aimes cette fille d'une race maudite (accursed)?

5 Morel regarde le comte avec stupeur. Jamais il n'a vu une telle expression d'horreur sur un visage humain. Enfin, peu à peu, l'horreur, le désespoir, l'incrédulité font place à une pitié infinie. Le comte ferme les yeux un instant, fait un violent effort pour retrouver son calme et dit:

10 — Voyez, mon cher Maximilien, comme Dieu me punit de mon indifférence. Depuis plusieurs mois, depuis la disparition de mon élixir, je sais la cause de toutes ces morts chez les Villefort. Mais, au lieu d'intervenir (intervene), je me suis contenté d'assister, en spectateur détaché mais curieux, à cette
15 tragédie en plusieurs actes qui remplissait secrètement mon cœur de joie. Et voilà que Dieu me punit à mon tour puisqu'il vous fait souffrir.

Le jeune homme regarde le comte sans comprendre. Enfin Monte-Cristo lui demande:

20 — A qui va la fortune des Saint-Méran?

— A Valentine.

— Et celle de M. Noirtier?

— A Valentine aussi.

— Et en cas de mort de Valentine?

25 — La fortune passe à son père, monsieur de Villefort.

— Et ensuite?

— A la mort de M. de Villefort, la fortune passe à son fils Édouard, naturellement.

— Maximilien, dit le comte, il y a un démon dans cette
30 maison qui poursuit un plan diabolique. Le criminel ne va pas s'arrêter là; Valentine est la prochaine victime.

— Oh! monsieur, sauvons-la! elle est si bonne, si innocente!

— Ce sont toujours les innocents qui paient pour les méchants, dit le comte d'un air sombre. Mais Maximilien, si
35 nous voulons sauver cette enfant, il n'y a pas un moment à perdre. Vous pouvez voir M. Noirtier, dites-vous?

— Oui monsieur, c'est chez lui que je vais voir Valentine.

assister
to be present
en spectateur
as a spectator
qui remplissait
which filled

prochaine
next

paient
pay

[3] **nous ne vivons plus**   we are scared to death

Vous ignorez sans doute que ses parents m'ont refusé sa main et qu'ils m'ont, de plus, fermé leur porte; c'est pourquoi M. Noirtier, qui est favorable à notre mariage, m'a donné la permission de venir voir Valentine chez lui.

— En effet, je ne savais rien de tout cela, mais ce qui est fait 5 est fait. Et maintenant voyons ce que nous pouvons faire pour sauver Valentine. . . .

Monte-Cristo réfléchit un instant, puis il dit:

— Puisque M. Noirtier sait que sa vie et celle de Valentine sont en danger, cela va faciliter les choses. Je vais lui écrire une 10 lettre et vous allez lui expliquer, mon cher Maximilien, que c'est parce que je vous aime que je me permets d'intervenir et qu'il peut avoir confiance en moi.

— Oui, dit Maximilien, comme en moi-même.

Le comte écrit alors la lettre suivante: 15

« Monsieur:

J'ai des raisons de croire que votre vie et celle de mademoiselle de Villefort sont en danger. Vous ne pouvez pas révéler à cette enfant le terrible secret que vous avez sans doute découvert. Je vous envoie 20 un élixir pareil au poison qui a causé la mort de monsieur et de madame de Saint-Méran et aussi celle de Barois. Donnez-en une goutte tous les matins et tous les soirs à Valentine sous prétexte qu'elle a besoin d'un tonique. Ces petites doses 25 vont assurer une certaine immunité contre le poison. Aux premiers symptômes d'empoisonne-

ment, au lieu d'appeler votre médecin, envoyez chercher le Dr. Busoni qui habite la maison voisine de la vôtre. Il connaît les effets de ce poison très 30 rare et lui seul peut en administrer l'antidote.

Comte de Monte-Cristo »

Le comte donne la lettre à Maximilien en lui disant:

— Allez, mon enfant; vous pouvez être sûr que je vais faire tout mon possible pour sauver Valentine. 35

Après le départ de Maximilien, Monte-Cristo appelle son domestique:

— Bertin, dit-il, je pars en voyage avec Ali. Je vais être absent pendant plusieurs semaines. Fermez la maison.

Monte-Cristo se rend alors secrètement dans une maison voisine de celle des Villefort pour y demeurer sous le nom de **demeurer**
5 Dr. Busoni.   to reside

Chapitre XVIII

L'expiation

Trois semaines se passent; le comte continue sa vigile dans la maison voisine de celle des Villefort. De temps en temps, il peut voir Valentine dans le jardin avec son grand-père, qui est paralysé. La jeune fille a pour lui des soins si tendres, elle lui montre tant d'affection que le comte commence à aimer 5 Valentine. Il frissonne quand il pense que sans l'intervention de Maximilien, elle était destinée à mourir d'une mort horrible. Il sait qu'il est indirectement responsable de ce danger qui menace la jeune fille et cette idée le remplit d'un certain malaise. Pour la seconde fois, la pensée des innocents 10 sacrifiés à sa vengeance vient le troubler, et il est décidé plus que jamais à sauver Valentine.

Un soir, un domestique de M. Noirtier vient le chercher en toute hâte:

— Docteur, dit-il, venez vite; mademoiselle . . . oh! la 15 pauvre mademoiselle. . . .

Sans lui donner le temps d'achever, le docteur Busoni se précipite dans la rue, suivi du domestique qui continue:

— C'est comme les autres, monsieur; ils sont tous morts de la même façon. La mort est dans cette maison, pour sûr! 20

Quand le docteur arrive, il trouve les domestiques groupés dans le vestibule, prêts à quitter cette maison de malheur. Il se

soins
care

achever
to finish
suivi
followed

façon
way
quitter
to leave

rend immédiatement auprès de Valentine. A son visage convulsé, aux spasmes terribles qui la secouent de temps en
temps, il reconnaît les effets du poison. Il ouvre les lèvres
violettes de la jeune fille et lui fait avaler (makes her swallow)
5 l'antidote. Puis il attend, plein d'anxiété. . . .

De longues minutes se passent . . . minutes qui semblent
des heures . . . enfin un peu de rose reparaît aux joues de **joues**
Valentine, sa respiration devient plus régulière . . . elle ouvre cheeks
les yeux :
10 — Ah ! s'écrie le docteur, elle est sauvée !

Alors, regardant tour à tour Villefort et sa femme, il dit
distinctement et avec un calme terrible :
— Cette jeune fille a été empoisonnée.

M. de Villefort se tourne vers sa femme et voit qu'elle est
15 devenue soudain très pâle.
— C'est elle, se dit-il, elle qui a empoisonné Barois, madame
de Saint-Méran, et son mari . . . et maintenant que faire ? ce
docteur, cet étranger va sûrement avertir la police. . . . **avertir**
Le docteur le regarde froidement et lui dit : to notify
20 — Monsieur de Villefort, j'ai besoin de vous parler.

Tous deux sortent de la chambre de Valentine et vont dans
le jardin.
— Monsieur, dit le docteur, j'ai tout lieu de croire[1] que ce
n'est pas le premier cas d'empoisonnement dans votre maison,
25 et je dois vous avertir qu'une certaine conversation entre vous **avertir**
et votre médecin à ce sujet a été entendue par une autre per- warn
sonne. Le médecin vous a communiqué ses soupçons mais vous **a été entendue**
l'avez persuadé de se taire. Ceci vous rend, je crois, complice was heard
de ces crimes. Monsieur le procureur du roi, ajoute-t-il **se taire**
to keep silent
30 durement, pourquoi n'avez-vous pas arrêté vous-même le **rend**
criminel ? makes

Le procureur murmure :
— Un criminel dans ma propre maison ! quel scandale !
— Et pour empêcher le scandale et protéger l'honneur de
35 votre nom, votre conscience a toujours été prête à faire bien
des concessions. n'est-ce pas ?
— Que voulez-vous dire ? balbutie (stammers) le procureur. **que voulez-vous dire ?**
what do you mean ?

[1] **j'ai tout lieu de croire** I have every reason to believe

—Je veux dire qu'une fois déjà vous n'avez pas hésité devant un crime pour protéger votre nom et votre réputation.

Monsieur de Villefort regarde le docteur sans avoir l'air de comprendre.

— Est-il possible, monsieur le procureur, continue le docteur 5 avec un pâle sourire, que vous ayez (that you should have) oublié le nom de votre première victime? Voyons . . . réfléchissez . . . ne vous rappelez-vous pas un nom? . . . Edmond Dantès?

— Edmond Dantès! s'écrie Villefort en pâlissant.   10

Il regarde le docteur, les yeux pleins de terreur. Qui donc a révélé à cet homme le secret qu'il a caché si profondément dans son cœur? Edmond Dantès? non, c'est impossible: Edmond Dantès est mort dans sa prison sans avoir communiqué avec personne.   15

Le docteur semble lire ses pensées; il ajoute lentement:

— Les morts reviennent quelquefois, monsieur le procureur; ils reviennent quelquefois pour se venger. Eh bien! moi, je vous **tant de fois** dis: Monsieur le procureur, vous qui avez tant de fois et sans **so many times** pitié administré la justice aux autres, il est temps de l'ad- 20 ministrer chez vous. Je vais de ce pas (right now) avertir la police.

Et le docteur part, laissant de Villefort anéanti (stunned).

M. de Villefort reste longtemps ainsi, immobile, paralysé sous la violence du coup qui vient de le frapper. Enfin il prend. 25 une résolution: le nom de Villefort ne doit pas être traîné devant les tribunaux.[2] Il va lui-même administrer la justice dans sa propre maison.

Il se rend chez madame de Villefort.

— Madame, lui dit-il brutalement, je connais vos crimes, 30 mais ce qui est plus grave, d'autres les connaissent aussi. Demain matin, on va venir vous arrêter comme empoisonneuse (poisoner). Madame de Villefort ne doit pas être traînée devant les tribunaux[2]; me comprenez-vous?

Très pâle, madame de Villefort recule devant son mari qui 35 s'avance vers elle, implacable:

— Je vous répète, madame, que la police va se présenter

[2] **traîné devant les tribunaux** dragged into court

chez vous demain matin et qu'elle ne doit pas vous y trouver en **en vie**
vie. Pour vous qui savez si bien hâter (hasten) la mort des   alive
autres, ce ne doit pas être un problème trop difficile.

Madame de Villefort balbutie (stammers), terrifiée:

5   — Non, non, vous ne pouvez pas vouloir cela!   **vouloir**
want, wish
— Ce que je ne veux pas, c'est qu'on vous traîne devant les
tribunaux, entendez-vous?

— Oh! monsieur, grâce!

— Grâce? grâce à vous qui avez compté une à une les   **compté**
counted
10   minutes de trois agonies sans un mouvement de compassion?
Grâce à vous qui n'avez pas hésité à sacrifier à vos projets
diaboliques la vie d'une jeune fille innocente et pure? la seule
grâce que je veux bien vous faire, c'est de vous sauver de la
guillotine.

15   D'un mouvement convulsif, madame de Villefort se cache la
tête dans ses mains.

Le procureur continue, inflexible:

— Voyons, vous qui avez si bien calculé tout, vous ne devez
pas avoir oublié, n'est-ce pas, de calculer les conséquences de la
20   révélation de ces crimes? Oh! vous devez bien certainement   **gardé**
kept
avoir gardé un peu de ce poison pour vous-même, en cas de   **vous en servir**
besoin? Eh bien! madame, il est temps de vous en servir.   to make use of it

Madame de Villefort tombe à genoux aux pieds de son mari:

— Oh! monsieur, laissez-moi vivre! Songez que je suis votre   **songez**
think
25   femme. . . .

— Il n'y a pas de mari ici, madame, il n'y a qu'un juge.

— Au nom de l'amour que vous avez eu pour moi . . .   **l'amour**
love
— Non, non!

— Au nom de notre enfant! Ah! pour l'amour de votre fils,
30   monsieur, pardonnez à sa mère!

— Non; un jour peut-être, si je vous laisse vivre, allez vous
l'empoisonner comme les autres. . . .

— Moi? tuer mon fils! s'écrie-t-elle avec un cri sauvage,
moi? le tuer! quand c'est pour lui que j'ai fait tout cela? ah!
35   ah! . . .

Et elle s'affaisse sur le parquet.[3]

Monsieur de Villefort la regarde un instant, impassible:

[3] **elle s'affaisse sur le parquet**   she falls in a dead faint

— Adieu! madame, dit-il lentement, adieu!

Il rentre chez lui, ferme sa porte et reste seul avec ses pensées.

il n'a pas eu
he has not had

La catastrophe est arrivée si brusquement qu'il n'a pas eu le temps de réfléchir à sa situation. C'est maintenant seulement   5

l'étendue
the extent

qu'il commence à comprendre l'étendue du désastre.

— Ah! murmure-t-il, c'est Dieu qui se venge.

le passé
the past

Un nom lui vient alors à la pensée, un nom presqu'oublié dans le passé et que Busoni a prononcé: Edmond Dantès. Il frissonne en songeant à cet innocent qu'il a sacrifié autre-   10
fois, à ce crime abominable qu'il a caché pendant des années

tel qu'il est
just as he is

sous une apparence vertueuse et austère. Il se voit alors tel qu'il est: un hypocrite sans conscience.

— Et c'est moi, se dit-il, moi qui viens de me montrer sans pitié pour cette femme qui porte mon nom! moi qui viens de la   15
condamner à mort!

douleur
pain

Il pousse un cri de douleur et de rage.

— Ah! s'écrie-t-il, alliance du tigre et du serpent! Cette femme n'est devenue criminelle que parce qu'elle m'a touché . . . et je la punis! et c'est moi, moi qui ai l'audace de lui dire: 20

mourez!
die!

repentez-vous et mourez! oh! non, non, je veux qu'elle vive. Nous allons partir, quitter la France . . . je vais lui dire que moi aussi je suis un criminel . . . je veux lui demander pardon à mon tour . . . je veux . . . .

Et il se précipite vers l'appartement de sa femme. La porte   25
est fermée:

— Héloïse, crie-t-il, Héloïse!

— Qui est là? demande une voix tremblante.

— Ouvrez, ouvrez, c'est moi, votre mari.

Mais on n'ouvre pas. Villefort enfonce (breaks in) la porte.   30
Il aperçoit madame de Villefort, livide et chancelante (staggering). . . .

faible
weak

— C'est fait, murmure-t-elle d'une voix faible, que voulez-vous de plus?

sans vie
lifeless

Et elle tombe sans vie aux pieds de son mari.   35

Villefort, pâle d'horreur, recule jusqu'à la porte, les yeux fixés sur le cadavre de sa femme. . . . Et cet homme inflexible, qui n'a jamais eu pitié de personne, sent soudain le besoin de quelqu'un auprès de qui pleurer. Dans sa douleur, il songe à son vieux père. Il veut aller lui demander pardon, lui ouvrir son cœur et pleurer près de lui. Mais quand il arrive chez son père, le vieux Noirtier n'est pas seul. Le docteur Busoni est là ; il semble dire quelque chose de très important au paralytique qui l'écoute attentivement. A la vue de Busoni, Villefort se rappelle soudain sa conversation dans le jardin.

douleur grief

    — Que venez-vous faire ici ? lui demande-t-il durement.

    — Je viens vous dire que vous m'avez payé votre dette, monsieur.

    — Cette voix, dit tout à coup Villefort, ce n'est plus la voix du docteur Busoni. . . .

    — Non.

Et le docteur enlève ses faux cheveux et sa fausse barbe :

faux, fausse false

    — Ah ! s'écrie le procureur, les yeux hagards, c'est le comte de Monte-Cristo. . . .

    — Ce n'est pas encore cela, monsieur ; cherchez plus loin. . . .

plus loin farther

    — Cette voix . . . où l'ai-je entendue pour la première fois ?

    — Vous l'avez entendue pour la première fois il y a vingt ans . . . cherchez bien. . . .

    — Vous n'êtes pas Busoni, vous n'êtes pas Monte-Cristo . . . ah ! vous êtes cet ennemi invisible, implacable et mortel dont je me sens poursuivi depuis quelque temps . . . mais que vous ai-je donc fait ?

poursuivi pursued

    — Vous m'avez condamné à une mort lente et hideuse dans un cachot du château d'If. Je suis le spectre du malheureux que vous avez ainsi condamné. A ce spectre sorti de la tombe, Dieu a donné le nom de Monte-Cristo.

lente slow

    — Ah ! je te reconnais . . . tu es . . .

    — Je suis Edmond Dantès.

A ces mots, le procureur pousse un cri de terreur. Il regarde Dantès avec des yeux d'une fixité horrible, puis tout à coup, il se met à rire, interminablement. . . .

M. de Villefort est devenu fou.

fou mad

Des domestiques emmènent le malheureux dans son appartement. Dantès le suit des yeux, l'air froid et impassible et murmure mystérieusement : DEUX !

Chapitre XIX

Le télégramme

il perd
he is losing

hardies
bold

près de
nearly
quant au
as for the

Depuis quelque temps, le baron Danglars est très inquiet : il perd de l'argent de tous les côtés. Lui qui a décuplé son capital en dix ans par des spéculations hardies semble avoir perdu son flair pour les affaires (business acumen). Pas une seule de ses récentes spéculations n'a réussi et en six mois il a perdu près 5 de deux millions. Quant au comte de Monte-Cristo, tout semble au contraire lui réussir, et pendant la même période il a fait un profit de près de trois millions. Danglars décide de se laisser guider par Monte-Cristo et de s'engager dans les mêmes spéculations. 10

C'est juste ce qu'attend Monte-Cristo qui pourrait (who could) peut-être expliquer les pertes d'argent du baron.

les pertes
the losses

Un jour, il se présente à la banque Danglars et dit au banquier :

— Monsieur Danglars, j'ai besoin de deux millions. 15

— Deux millions ! dit le banquier en riant, et que voulez-vous faire d'une aussi grosse somme ?

— Je veux faire une spéculation intéressante.

laquelle ?
which one ?

— Ah ! dit Danglars, peut-on vous demander laquelle ?

— Je vais acheter des bons du gouvernement espagnol 20 (Spanish bonds).

— Le gouvernement espagnol n'est pas encore très stable, dit

Danglars. Croyez-vous que vous faites une bonne affaire?
Supposez que Don Carlos¹ rentre en Espagne (Spain) et cause
une révolution?

— Ce que je vais vous dire est confidentiel. Vous savez que
5 j'ai des agents en Espagne et un service télégraphique spécial?
Eh bien! je suis certain que les bons espagnols vont hausser
(are going to rise) de dix points.

— Oh! dit Danglars, dix points, c'est beaucoup, et sur deux
millions vous allez faire un joli profit.

10 — Bah! dit Monte-Cristo négligemment, je fais cela simplement pour m'amuser.

Après le départ de Monte-Cristo, Danglars réfléchit. . . .

— Voici l'occasion, se dit-il, de reconstituer ma fortune; si
j'engage tous mes capitaux dans cette spéculation, une hausse
15 (rise) de dix points va me permettre de récupérer les grosses
pertes de ces derniers mois. . . .

Il réalise (converts into cash) tous ses capitaux et achète des
bons espagnols.

Lorsque Monte-Cristo s'est assuré que le banquier a risqué
20 toute sa fortune sur les bons espagnols, il va faire un petit
voyage. Il monte en voiture et se dirige vers la ville d'Orléans.
De temps en temps, sur les collines, on aperçoit les sémaphores   **les collines**
des postes télégraphiques² placés de distance en distance. A   the hills
chaque poste, la voiture s'arrête; le comte descend et semble
25 étudier le poste avec soin; puis il remonte en voiture et donne   **avec soin**
le signal d'aller plus loin, jusqu'au poste voisin. Enfin il arrive   carefully
devant un poste qui semble perdu dans la campagne, loin
de tout village, de toute habitation. . . . Le comte descend de   **la campagne**
voiture et se dirige vers le poste: the countryside
30 — Monsieur, demande-t-il à l'employé, est-ce que l'on vous
permet de montrer le télégraphe aux visiteurs?

— Certainement, répond l'employé, vous désirez le voir?

¹ Don Carlos, son of Charles IV and contender for the throne of
Spain, started a revolution against Queen Isabella. In 1833, he had
to flee and take refuge in France.
² At that time, the aerial telegraph invented by Chappe was in
use. Communications were made by a system of signals, and the
posts were placed on hills, within sight of each other.

— Oui, dit Monte-Cristo, je suis curieux de voir comment cela fonctionne.

— C'est très simple, monsieur. Mon voisin de droite me fait des signaux; je répète exactement chaque signal à mon voisin de gauche qui les répète ensuite à son voisin. 5

— On m'a dit que les agents ne comprennent pas les signaux qu'ils répètent; est-ce vrai?

— Oui, monsieur, et je préfère cela.

— Pourquoi?

— Parce que de cette façon, je n'ai aucune responsabilité. 10 Je suis une machine, rien de plus. Je répète chaque signal exactement, c'est tout ce que l'on me demande.

Monte-Cristo lui demande brusquement:

— Combien gagnez-vous par an?

— Quinze cents francs, monsieur. 15

— Ce n'est pas beaucoup.

— C'est assez pour vivre modestement.

— C'est vrai, mais . . . écoutez; voulez-vous gagner vingt-cinq mille francs en cinq minutes?

— Vingt-cinq mille francs! s'écrie l'employé, stupéfait; 20 monsieur n'est pas sérieux?

— Très sérieux, au contraire.

— Et que dois-je faire pour gagner ces vingt-cinq mille francs?

— Rien de bien difficile . . . simplement substituer les 25 signaux que voici à ceux que votre voisin de droite va vous envoyer.

Et Monte-Cristo montre à l'employé une feuille de papier sur laquelle plusieurs signaux sont indiqués.

— Voyez, dit-il, c'est très facile. 30

— Mais monsieur, dit l'homme, c'est un faux télégramme. Si je l'envoie, je vais perdre ma place. . . .

— Eh bien! qu'est-ce que cela vous fait?[3] Avec l'argent que je vais vous donner, vous allez pouvoir acheter une petite maison à la campagne avec un jardin, et vivre indépendant et 35

de droite
on the right

de gauche
on the left

gagnez-vous
do you earn

vingt-cinq
twenty-five

place
situation

[3] **qu'est-ce que cela vous fait** what does it matter to you; why should you care

heureux le reste de votre vie. . . . Allons, réfléchissez . . . vingt-cinq mille francs.

Et Monte-Cristo montre au pauvre homme vingt-cinq billets de mille francs chacun. **billets** bills

5 La tentation est trop forte; l'employé prend les billets et substitue aux signaux envoyés par son voisin de droite les signaux indiqués sur la feuille de papier. Son voisin de gauche les répète exactement, et de poste en poste ils arrivent à Paris.

— Et maintenant vous voilà riche, dit Monte-Cristo en 10 souriant.

— Oui, répond l'employé, mais j'ai envoyé un faux télégramme.

— Bah! dit Monte-Cristo, personne n'a besoin de le savoir. Fermez la porte du sémaphore et venez avec moi. Je vais en 15 Normandie; justement je connais une jolie petite maison à la campagne qui est à vendre.

L'employé réfléchit un instant et dit:

— Vous avez raison, monsieur, je ne peux pas rester ici. Je risque la prison. Partons. . . .

20 Cependant, le lendemain, on peut lire dans tous les journaux de Paris:

« On nous télégraphie de Barcelone . . .
Don Carlos est rentré en Espagne (Spain). La
ville de Barcelone s'est révoltée en sa faveur. »

25 Cette nouvelle cause une véritable panique à la Bourse (Stock Exchange). Les bons espagnols baissent (fall) de trente points en quelques heures et Danglars, qui a risqué toutes ses ressources sur ces bons, est complétement ruiné.

Il est vrai que le baron a encore dans sa banque un capital de 30 six millions, mais cet argent ne lui appartient pas; c'est l'argent **appartient** belongs de ses clients qui est en dépôt (deposit) dans sa banque.

Sans hésiter, le banquier prend cet argent et se rend à la banque Lafitte. Il demande en échange de ces capitaux un bon au porteur (draft) de six millions sur la banque 35 Thomson & French de Rome. Personne ne connaît encore sa ruine et la banque ne fait aucune difficulté pour lui donner ce bon au porteur.

poche
pocket

Le soir même, avec ce précieux papier dans sa poche, Danglars monte en voiture et se dirige vers Marseille.

Le lendemain matin, les journaux annoncent:

hier
yesterday

« C'est avec regret que nous avons annoncé hier le retour de Don Carlos en Espagne. Don Carlos n'a pas quitté la France et il n'y a pas de révolution à Barcelone. Un télegramme, envoyé on ne sait d'où, est responsable de cette fausse nouvelle. »

Monte-Cristo, en lisant son journal, sourit discrètement. Le télégramme a causé l'effet désiré.

La nouvelle de la ruine de Danglars cause une grosse émotion dans Paris. La rapidité avec laquelle cette maison, une des plus solides de France, est tombée a surpris tout le monde, mais cette surprise fait bientôt place à une grande indignation quand on apprend que le baron s'est enfui (has fled) avec l'argent de ses clients. Où s'est-il enfui?

Quelqu'un pourrait (could) répondre à cette question. Un des détectives de Monte-Cristo, chargé de la surveillance de Danglars, l'a constamment suivi, depuis le moment où il est monté en voiture devant sa porte, jusqu'à Marseille. Il est en ce moment sur le même bateau que le baron, en route pour Gênes.

suivi
followed

en route pour
on the way to

Chapitre XX

Regrets

Le comte de Monte-Cristo a décidé de quitter Paris pour
n'y plus revenir. Son bel hôtel est à vendre et lui-même va
faire ses visites d'adieux. Dans tous les salons, on ne parle
que des catastrophes qui viennent de frapper en plein bonheur **bonheur**
trois familles des plus riches et des plus estimées. La ruine de happiness
Danglars, le suicide du comte de Morcef, et les morts si mystérieuses dans la maison de M. de Villefort sont le sujet de toutes
les conversations. Le comte de Monte-Cristo écoute tous
ces commentaires, un sourire énigmatique aux lèvres. Son
opinion est qu'il y avait sans doute dans le passé de ces
gens-là quelque crime caché et que c'est peut-être Dieu qui les
a frappés. On le regarde avec une certaine appréhension, car,
si l'on en croit les rumeurs, son nom est mêlé d'une manière **mêlé à**
étrange à toutes ces affaires. Lui cependant continue, avec une mixed up in
imperturbable tranquillité, ses visites de salon en salon.

Sa dernière visite est pour Maximilien Morel qu'il trouve
chez M. Noirtier. Valentine habite maintenant chez son grand-
père qui vient d'annoncer son prochain mariage avec Maxi- **prochain**
milien. Monte-Cristo regarde avec affection les deux jeunes coming
gens qui semblent perdus dans leur bonheur. Ils sont jeunes,
ils vont vite oublier le passé. . . .

au moins
at least

— Au moins, se dit le comte, parmi tant de ruines et de malheurs, j'ai contribué à faire le bonheur de ces deux-là.

Le jour de son départ, il monte en voiture, accompagné de son domestique Ali. Arrivé sur la colline de Villejuif, Monte-Cristo fait arrêter sa voiture et descend. De la colline, il peut apercevoir toute la ville de Paris, vaste comme une sombre mer, où des millions de créatures, plus furieuses, plus avides que les flots (waves) de l'océan se dévorent les unes les autres.

— Grande ville, murmure-t-il, voilà six mois que j'ai passé tes portes. Le secret de ma présence dans tes murs, Dieu seul, qui peut lire dans les cœurs, le connaît. Seul, il sait que

mais non pas
but not

je pars sans haine mais non pas sans regrets. Maintenant, ma mission est achevée. Adieu, Paris, adieu!

Il remonte en voiture, fait un signe et les chevaux partent au galop.

Trois jours après, Monte-Cristo arrive à Marseille. Sur le quai, un bateau, prêt à partir pour Alger, attend le signal du départ. Le comte aperçoit sur le pont un jeune homme en

le pont
the deck

uniforme de soldat qui fait un signe d'adieu à une femme restée sur le quai. Monte-Cristo reconnaît le jeune soldat: c'est Albert de Morcef. Il part pour l'Algérie où il espère se refaire un nom honorable. Depuis leur départ de Paris le comte n'a

aider
to help

pas fait un mouvement pour aider la mère et le fils car il sait que son aide serait (would be) fièrement refusée. La comtesse de Morcef a distribué toute la fortune de M. de Morcef aux pauvres de Paris. Ni elle ni son fils n'ont rien gardé de cette fortune infâme; ils ont préféré une vie de pauvre, dure et triste, mais honorable.

de loin
from a distance

De loin cependant, Monte-Cristo protège ces malheureux. Il a recommandé le fils de Mercédès au général de l'armée d'Algérie. Albert est brave; il va retrouver dans une vie d'abnégation et de sacrifice l'orgueil (pride) et le respect de lui-même. Avec la protection du général il est sûr d'avancer rapidement. C'est tout ce que peut faire Monte-Cristo pour le moment.

Le bateau part; la pauvre mère, les larmes aux yeux, le regarde s'éloigner. Enfin, lorsqu'il a complétement disparu, elle se dirige à pas lents vers la rue Meilhan . . . vers la petite maison où, jeune fille, elle a été si heureuse et où elle revient pleurer.

à pas lents
with slow steps

De loin, le comte suit Mercédès. Ce n'est pas sans une
5 profonde émotion qu'il se retrouve dans cette rue, si pleine des souvenirs heureux et malheureux de son passé. Il entre dans le petit jardin et s'arrête, hésitant . . . par la porte ouverte on entend les sanglots (sobs) de Mercédès. Il entre sans frapper . . . au bruit de ses pas, Mercédès relève la tête et pousse un cri
10 en le voyant devant elle.

— Madame, dit-il d'une voix pleine de compassion, je vais partir. Je suis venu vous faire mes adieux et vous assurer que je suis resté votre ami. Que puis-je faire pour vous?

— Rien, répond Mercédès douloureusement; je n'avais plus
15 qu'une joie[1]: mon fils, et il vient de me quitter.

— Il a raison, madame. C'est un noble cœur; il va devenir brave et fort et changer son adversité en fortune. Laissez-le refaire votre vie à tous deux.

— Pauvre enfant, dit-elle en pleurant, la vie a été cruelle
20 pour lui.

— Hélas! madame, croyez bien que si j'ai des regrets, c'est que le châtiment des coupables a amené le malheur des innocents. Mercédès, me pardonnez-vous?

coupables
guilty ones
a amené
has brought

Mercédès secoue tristement la tête:
25 — Je n'ai rien à vous pardonner Edmond, dit-elle; c'est moi qui suis à blâmer. Tous mes malheurs viennent de ma trahison. J'avais votre amour et je n'ai pas su (I failed to) vous rester fidèle. Mais, ajoute-t-elle, s'il vous reste un peu d'affection pour moi, protégez mon fils.

fidèle
faithful

30 — Si Dieu lui donne vie, je peux faire le reste.

— Merci, Edmond.

— Mais vous, Mercédès?

— Moi, je n'ai besoin de rien. Je vis entre deux tombes: celle d'Edmond que j'ai perdu par ma faute, et celle de ce mal-
35 heureux, père de mon fils, pour qui je dois prier.

La pauvre femme a prononcé ces paroles d'un ton si plein

---

[1] **je n'avais plus qu'une joie** I had only one joy left

de douleur et de désespoir, que le comte, profondément ému, s'incline sans rien dire et sort lentement.

Mercédès le regarde partir et murmure tout bas:

— Edmond! Edmond!

Mais lui n'entend pas la voix timide qui semble le rappeler. Il s'éloigne à pas lents, la tête basse, le cœur lourd de remords (remorse).

La vengeance n'a pas apporté à Monte-Cristo la satisfaction qu'il en attendait. Il a peur maintenant de s'être vengé trop cruellement. Jusqu'ici, il est allé de l'avant (straight ahead), sûr de lui-même, sûr de sa destinée. Son évasion (escape) miraculeuse du Château d'If, la fortune immense qui lui est tombée entre les mains, les fautes mêmes de ses ennemis, qui se sont perdus par leurs propres crimes, tout lui a fait croire que Dieu lui-même favorisait ses projets de vengeance . . . cependant . . . s'il s'était trompé? (suppose he were wrong?)

— Ah! murmure-t-il, assez de vengeance comme cela. Sauvons au moins le dernier, s'il en est encore temps.

Et en toute hâte, il se dirige vers la ville de Rome.

Cependant le baron Danglars, toujours suivi du détective qui ne le perd pas un instant de vue, arrive à Gênes. De Gênes, il se rend à Rome en chaise de poste. Un soir, vers six heures, la voiture arrive à la Storta, d'où l'on peut apercevoir le fameux dôme de Saint-Pierre de Rome. Comme d'habitude, le postillon arrête les chevaux pour laisser au voyageur le temps d'admirer la vue imposante de la Ville Éternelle qui se découvre soudain à ses yeux. Mais Danglars n'a ni la curiosité ni l'enthousiasme du touriste. Impatient d'arriver à destination, il crie au postillon d'avancer et la voiture se remet en route. Une heure après, elle entre dans la ville et s'arrête devant l'hôtel d'Espagne.

Maître Pastrini reçoit le voyageur à la porte avec les salutations, les compliments et les cérémonies qu'un voyageur aussi riche a le droit d'attendre de lui, puis il le conduit lui-même à la meilleure chambre de l'hôtel.

Resté seul, Danglars tire un papier de sa poche et le regarde avec affection et respect:

Glosses (left margin):

tout bas — in a low voice

la tête basse — his head bowed
lourd de — heavy with

en attendait — expected from it
jusqu'ici — until now

les fautes — the mistakes

favorisait — favored

voyageur — traveler

se découvre — unfolds

se remet en route — starts out again

le droit — the right

tire — pulls

— Bon, dit-il, je l'ai toujours.

Il remet le précieux papier dans sa poche et descend dîner. Le dîner, que maître Pastrini a préparé lui-même pour son Excellence, est délicieux et Danglars mange de bon appétit.

5 Puis, comme il est fatigué, il remonte dans sa chambre et se couche de bonne heure. Le lit est bon, et Danglars, qui n'est troublé par aucun scrupule de conscience, dort bientôt profondément.

Le lendemain matin, aussitôt après son déjeuner, Danglars,
10 qui veut aller de bonne heure à la banque, demande à maître Pastrini où se trouve la banque Thomson & French.

Maître Pastrini se perd dans des explications excessivement confuses et Danglars n'y comprend rien. C'est alors qu'un jeune homme s'approche et lui dit en très bon français:

15 — Votre Excellence veut-elle me permettre de la conduire à la banque?

— Ah! dit maître Pastrini, voici Peppino qui peut vous servir de guide. C'est un brave garçon et vous pouvez avoir toute confiance en lui.

20 — En ce cas, dit Danglars, qui ne sait pas un mot d'italien, j'accepte avec plaisir.

Peppino conduit le baron à la banque Thomson & French. Danglars lui demande d'attendre à la porte, puis il entre dans la banque. Peppino, se tournant vers un homme qui semble
25 attendre dans la rue, lui fait un signe imperceptible. L'homme s'approche et passe lentement à côté du guide:

— C'est notre homme, murmure Peppino à voix basse.

— C'est bon, dit l'autre sans s'arrêter, je vais avertir le capitaine.

30 A son entrée dans la banque, Danglars demande d'un air important à parler à M. Thomson lui-même. Quand celui-ci arrive, le baron tire son précieux papier de sa poche et le présente au banquier.

— Ah! dit M. Thomson, un billet au porteur (draft) de
35 six millions. C'est une grosse somme. A qui ai-je l'honneur de parler?

— Au baron Danglars.

— Ah! de la banque Danglars de Paris?

de bonne heure
early

aussitôt
immediately

où se trouve
where is

servir
serve

à voix basse
in a low voice
c'est bon
all right

— A lui-même, monsieur.

— Et comment voulez-vous cet argent, monsieur?

— En lettres de crédit sur vos maisons de Rome, de Venise et de Vienne.

— Très bien, monsieur.   5

M. Thomson appelle un employé et lui donne les instructions nécessaires pour ouvrir au baron Danglars un crédit de six millions sur la maison Thomson & French.

Chapitre XXI

Dîners à la carte

Danglars sort de la banque Thomson & French le cœur rempli d'une joyeuse exultation, puis il rentre, accompagné de son guide, à l'hôtel d'Espagne.

Il demande à Peppino de lui commander une voiture et des
5 chevaux pour deux heures. Il veut se rendre d'abord à Venise, puis de là à Vienne où il a l'intention de demeurer.

La voiture, commandée pour deux heures, n'arrive qu'à trois heures. Danglars, impatient de ce délai, monte dans la voiture et crie d'une voix irritée :

10 — Ancôme !

Les chevaux partent au galop ; mais à peine a-t-on fait trois lieues (leagues) qu'on est obligé de s'arrêter : quelque chose s'est cassé (broken). Le postillon assure à Danglars que ce n'est rien ; on va envoyer chercher quelqu'un à la ville voisine pour
15 réparer la voiture et si son Excellence veut bien être patiente . . .

Son Excellence attend . . . une heure . . . deux heures . . . enfin la voiture est réparée et l'on se remet en route. Mais il est tard ; la nuit commence à tomber. Danglars regrette d'être parti si tard. La ville d'Ancôme est encore loin, à une distance
20 de plusieurs lieues.

Il s'installe aussi confortablement que possible dans la voiture et ferme les yeux, espérant dormir un peu.

commander
to order

il est tard
it is late

Tout à coup, il est réveillé brusquement par un bruit de voix. La voiture s'est arrêtée au milieu de la campagne déserte et on entend distinctement le bruit d'une troupe d'hommes à cheval. Danglars, surpris, avance la tête au dehors[1] pour voir ce qui se passe, mais une voix brutale lui 5 commande :

— Dentro la testa !

Danglars ne sait pas un mot d'italien mais il comprend fort bien qu'on lui dit de « rentrer la tête. » Il est très inquiet. Qui sont ces hommes ? des agents de police ? Est-ce que la police 10 italienne a déjà un ordre d'extradition contre lui ?

Cependant la même voix impérieuse a donné un ordre, et la voiture repart au galop, toujours accompagnée des hommes à cheval.

Dans la nuit, Danglars ne peut rien voir ; il n'a aucune idée 15 de ce que sont ces hommes ni où on l'emmène. Enfin, après plusieurs heures de galop furieux, la voiture s'arrête, la porte s'ouvre et un homme dit :

— Scendi !

Danglars fait des progrès en italien. Il comprend qu'on lui 20 dit de descendre et, mort de peur, il sort de la voiture.

On lui dit d'avancer : il avance. On pénètre dans un long passage très obscur. Un des hommes allume une torche ; on aperçoit de place en place des niches creusées dans les murs avec, ici et là, un squelette (skeleton) ou une tête de mort. 25 Danglars sait maintenant où il est : il est dans les catacombes ! Il est tombé entre les mains du bandit Luigi Vampa. Il se rappelle alors l'aventure d'Albert de Morcef et toutes les histoires terribles que l'on raconte sur ce sinistre bandit. Il frissonne. 30

Enfin la petite troupe arrive devant Vampa :

— Est-ce l'homme ? demande le bandit d'un air détaché.

—Lui-même, capitaine.

Vampa regarde froidement Danglars qui est livide de peur : 35

— Cet homme est fatigué, dit-il. Conduisez-le à son lit.

On conduit le baron dans une petite chambre, celle-là

---

au dehors outside

ce que sont who are

celle-là même the very one

¹ **avance la tête au dehors** puts his head outside

même qu'Albert a occupée il y a quelques mois, et on ferme la
porte derrière lui.

Danglars commence à se rassurer. Puisqu'on ne l'a pas tué
c'est qu'on a l'intention de lui demander une rançon. Il
5 se rappelle que la rançon d'Albert était de quatre mille
piastres. Eh bien! lui aussi peut payer une rançon; après tout il
est riche: il possède une somme de six millions.

Et complétement rassuré, Danglars va se coucher.

Le lendemain, quand il se réveille, il est d'abord surpris de
10 se trouver dans cette petite chambre obscure. Alors il se
rappelle son aventure de la nuit précédente et sa rencontre
avec les bandits. Il cherche dans ses poches; il a encore tout
son argent.

— C'est curieux, se dit-il, voilà des bandits qui m'arrêtent
15 et qui cependant ne touchent pas à mon argent. Mais où
sont-ils? On n'entend rien.

Il s'approche de la porte et voit à sa grande surprise qu'elle
n'est pas fermée. Il l'ouvre avec précaution et avance la tête
au-dehors. Devant la porte, un bandit déjeune de bon appétit.
20 Ceci rappelle à Danglars qu'il n'a rien mangé depuis de
longues heures et qu'il a faim. Il appelle:

— Holà! (hey there!) quelqu'un.

Un homme s'avance immédiatement: c'est notre ami
Peppino. Il sourit d'un air aimable à Danglars et lui dit avec
25 beaucoup de politesse:

— Votre Excellence a appelé?

— Comment! c'est vous? s'écrie Danglars, qui reconnaît son
guide de l'hôtel d'Espagne; que faites-vous ici?

— Votre Excellence, ne parlant pas italien, a besoin d'un
30 interprète. Je suis l'interprète officiel de Luigi Vampa, dit-il
en souriant avec impudence. Et maintenant, que puis-je faire
pour vous?

— J'ai faim, dit le prisonnier. Est-ce qu'on va m'apporter à
manger?

35 — Certainement, répond Peppino, vous n'avez qu'à commander. Ici, on mange à la carte; on peut avoir tout ce qu'on
veut . . . en payant, naturellement, ajoute-t-il avec un petit
sourire.

se rassurer
to feel reassured

il a faim
he is hungry

— Eh bien! dites-leur qu'on m'apporte à déjeuner.

— Tout de suite; que désire Votre Excellence?

— Mais, dit Danglars hésitant, je ne sais pas. . . . Est-ce que je peux avoir un poulet?

— Rien de plus facile, Votre Excellence. 5

Et Peppino commande:

— Un poulet pour son Excellence le baron Danglars!

On apporte le poulet qui remplit la petite chambre de son arome délicieux. Danglars, qui a très faim, dévore des yeux le poulet, mais au moment où il va se mettre à table, Peppino 10
l'arrête d'un geste et lui dit d'une voix calme:

— Pardon Excellence, mais ici on paie avant de manger.

— C'est bon, dit Danglars impatient et presque mort de faim, c'est combien?

— Cent mille francs, répond Peppino, imperturbable. 15

— Hein? (what?) ah! ah! c'est une plaisanterie; cent mille francs un poulet, ah! ah!

Mais le bandit ne rit pas:

— Monsieur, dit-il froidement, ce n'est pas une plaisanterie. Le poulet coûte cent mille francs; payez et mangez. 20

Danglars le regarde avec stupeur; il n'y a pas de doute, le bandit parle sérieusement. Danglars s'écrie exaspéré:

— Non, mille fois non!

Peppino fait un signe: le délicieux déjeuner disparaît et la porte se referme. 25

Danglars est si irrité que pendant plusieurs heures l'indignation lui fait oublier la faim qui le torture. Mais bientôt le besoin de manger devient si impérieux qu'il retourne à la porte et appelle quelqu'un.

Peppino, le même sourire impudent aux lèvres, lui demande: 30

— Que désire Votre Excellence?

— Je veux manger.

— Ah? et que désire manger Votre Excellence?

— Un morceau de pain, puisque les poulets coûtent si cher. 35

— Tout de suite, dit Peppino.

Et il apporte un morceau de pain à Danglars.

— C'est combien? demande le baron.

Marginal glossary (left column):

tout de suite
at once

un poulet
a chicken

se mettre à table
to sit at table

c'est combien?
how much?

la faim
the hunger

un morceau de pain
a piece of bread

— Cent mille francs, répond Peppino avec le plus grand calme.

— Cent mille francs un morceau de pain ! Est-ce une autre de vos plaisanteries ? Mais c'est absurde. Dites-moi tout de
5 suite que vous voulez me faire mourir de faim.[2]

— Mais pas du tout, Votre Excellence ; c'est vous qui voulez vous suicider. Payez et mangez.

— Mais, s'écrie Danglars de plus en plus exaspéré, payer avec quoi ? Est-ce que vous vous imaginez qu'on voyage avec
10 cent mille francs dans ses poches ?

— Rien de plus facile, dit Peppino. Que (Let) Votre Excellence me donne un chèque sur la banque Thomson & French ; votre crédit est bon.

— Ah ! dit Danglars, je comprends enfin ; vous voulez cent
15 mille francs. Eh bien ! si je vous donne un chèque, est-ce que je vais avoir à dîner ?

— Un dîner excellent, dit Peppino.

Danglars signe un chèque et on lui apporte un dîner délicieux.

20 Le lendemain, la même comédie recommence.

— Mais enfin, dit Danglars, qu'attendez-vous de moi ?

— Votre Excellence, dit le bandit impassible, a un crédit de six millions à la banque Thomson & French. Avec cette somme, elle peut acheter soixante dîners à cent mille francs chacun.
25 C'est-à-dire que Votre Excellence peut vivre deux mois.   **c'est-à-dire**
that is to say

— Et après ? demande le malheureux Danglars.

— Après ?

— Oui, quand je n'aurai (shall have) plus d'argent ?

— Alors vous aurez faim (you shall go hungry).
30 — J'aurai faim ? dit Danglars en devenant livide.

— C'est probable, répond le bandit d'un air détaché.

— Et vous dites que vous ne voulez pas me tuer ?

— Non.

— Mais vous allez me laisser mourir de faim ?
35 — Ce n'est pas la même chose.

La différence paraît bien subtile au malheureux baron.

[2] **me faire mourir de faim** starve me to death

Tout ce qu'il voit, c'est qu'il est condamné à mourir de faim et qu'on lui donne au plus deux mois à vivre.

Ces deux mois passent avec une rapidité effrayante. Danglars voit arriver avec terreur le jour où il doit donner son dernier chèque de cent mille francs. Il connaît maintenant les bandits entre les mains desquels il est tombé. Ce sont des gens sans cœur et sans pitié, qui vont le laisser mourir de faim avec la plus grande indifférence. Le baron se sent perdu. 5

Alors par une réaction étrange, lui, qui vient d'abandonner presque six millions sans protester, veut garder coûte que coûte ces cent mille francs. Il est décidé à endurer toutes les privations plutôt que d'y toucher. 10

Le premier jour se passe: on ne lui apporte rien à manger. Le deuxième jour . . . rien. Le troisième jour, Danglars demande à voir le capitaine. 15

— Me voici, dit Vampa, que désirez-vous ?

— Prenez mes derniers cent mille francs, dit le baron; c'est tout l'argent qui me reste. Prenez, mais laissez-moi vivre; je ne demande même pas la liberté; je ne demande qu'à vivre. Ayez pitié de moi! (have mercy on me!) 20

— Et pourquoi avoir pitié de vous? dit soudain une voix sombre et dure. Avez-vous eu pitié de ceux que vous avez condamnés à de pareilles souffrances ?

Et un homme paraît à la porte.

— Le comte de Monte-Cristo! s'écrie Danglars avec surprise. 25

— Vous vous trompez, je ne suis pas le comte de Monte-Cristo. Je suis une de vos victimes . . . je suis celui que vous avez condamné à des années de souffrances horribles dans un cachot. Je suis . . . Edmond Dantès. 30

Danglars pousse un cri de terreur et tombe aux pieds de Monte-Cristo.

— Allons, relevez-vous, dit le comte. Je vous pardonne. Vous êtes plus heureux que vos deux complices qui ont payé leur dette, l'un avec sa vie, l'autre avec sa raison. Vous, je vous avais condamné à mourir de faim; mais je vous pardonne, parce qu'à mon tour, j'ai besoin d'être pardonné. Vous êtes libre. La restitution des six millions que vous avez volés a été 35

effrayante frightening

desquels of whom

coûte que coûte at any cost

plutôt que de rather than

souffrances sufferings

relevez-vous rise

volés stolen

faite en votre nom. Il vous reste une somme de cent mille francs, gardez-la et redevenez un honnête homme.

redevenez
become once more

Puis s'adressant à Vampa :

— Luigi, dit-il, donnez à manger à cet homme et remettez-le en liberté.

Chapitre XXII

Épilogue

Par un beau soir d'octobre, un petit yacht, pur et élégant de forme, s'avance, rapide et gracieux, sur la mer d'un bleu profond.

bleu profond
deep blue

Debout sur le pont, un homme, jeune encore, parle en souriant à une belle jeune fille qui regarde l'horizon d'un air triste. C'est le comte de Monte-Cristo qui va reconduire Haydée dans son pays. Mais Haydée garde le silence et à tout ce que lui dit le comte, elle ne répond que par un sourire plein de tristesse.

pays
country

— Voyons, mon enfant, dit le comte, pourquoi es-tu si triste? ne veux-tu pas revoir ton pays? reprendre ta place dans le monde? Fille de prince, je te rends ta fortune et le nom de ton père. Que veux-tu de plus?

— Maître, dit la jeune fille d'une voix douloureuse, vous voulez me quitter.

— Haydée, tu es jeune et belle; le bonheur et l'amour t'attendent. Ta vie jusqu'ici a été bien triste et bien malheureuse. L'avenir te doit le bonheur.

l'avenir
the future

— Le bonheur, murmure-t-elle, le bonheur! loin de vous!

Le comte ne répond rien. Depuis longtemps, il aime Haydée, mais la différence entre leur âge, la peur de s'imposer à sa jeune protégée par l'immense dette de gratitude qu'elle lui

doit, lui ont fait garder le silence. Et maintenant, pour ne pas
devenir un obstacle à l'avenir brillant de la jeune fille, il a
décidé de se séparer d'elle pour toujours. C'est pourquoi il la **pour toujours**
reconduit dans son pays où, libre et heureuse, elle va oublier forever
5 les mauvais jours. Qui sait? il est possible qu'elle y rencontre
un jour l'homme qui fera battre son cœur.[1] A cette pensée,
Monte-Cristo ferme les yeux et pâlit. Comme c'est difficile de
renoncer à Haydée! et cependant il le doit; il ne peut pas
sacrifier cette enfant à son propre bonheur. . . .

10 — Haydée, dit-il. . . .
La jeune fille tourne la tête et lève vers lui des yeux remplis
de larmes.
Surpris par ce chagrin silencieux, le comte lui demande:
— Mais enfin, Haydée, pourquoi pleures-tu?
15 — Vous êtes mon maître, dit Haydée. Vous avez le droit de **briser**
commander; vous avez aussi le droit de me briser le cœur en to break
m'éloignant de vous.
— Haydée, dit le comte, très ému, tu ne veux donc pas me
quitter?
20 — Je suis jeune, répond-elle sombrement, et j'aime la vie,
mais . . .
— Mais?
— Si vous me quittez, je sens que je vais mourir.
Elle a dit cela d'un ton si grave et si passionné, que le comte
25 la regarde avec attention.
— Pauvre enfant, dit-il, ce que tu prends pour de l'amour
n'est peut-être que de la gratitude.
— Non, non, dit Haydée, devenant de plus en plus exaltée, **frère**
je vous aime comme on aime son père, son frère, son mari. Je brother
30 vous aime encore comme on aime la vie, car vous êtes à mes
yeux le plus beau et le meilleur des hommes. Oh! mon cher **par pitié**
Edmond, par pitié, ne me quittez pas. for pity's sake
Le comte peut à peine croire à ce qu'il vient d'entendre.
Haydée l'aime! il se sent soudain le cœur rempli d'une joie
35 immense, ineffable. . . . Il ouvre ses bras à Haydée qui se
précipite vers lui en poussant un cri.

[1] **l'homme qui fera battre son cœur** the man with whom she
will fall in love

— Chère Haydée, murmure-t-il, en me séparant de toi, je voulais me punir. Dieu veut bien me pardonner puisqu'il t'envoie vers moi. Qui sait? ton amour va peut-être me faire oublier ce que je dois oublier.

— Que voulez-vous dire, Edmond? demande Haydée.

— Je veux dire, mon enfant, que tu viens de me montrer la route que je dois suivre désormais. Je n'ai plus que toi au monde, Haydée, mais avec toi, je peux recommencer ma vie. Puisque par toi je peux encore souffrir, par toi je peux encore être heureux.

Et l'un près de l'autre, graves et silencieux, ils demeurent longtemps immobiles, absorbés dans leur bonheur, tandis que

le bateau les emporte vers l'avenir.

APPENDIX A

Words and expressions assumed to be known by the Students

Words marked * are from the 69 words outside the Vander Beke List.
Words marked ** are from the first 50 words of that list.
Words marked *** are those likely to be acquired in the classroom.

Adject.
* bon
* grand
* petit
* autre
* tout
** beau
*** anglais
*** français

Artic.
* le, la, les
* un, des
* du, des, de la

Dem. Adj.
* ce, cet
* cette
* ces

Poss. Adj.
* mon, ma, mes
* ton, ta, tes
* son, sa, ses
* notre, nos
* votre, vos
* leur, leurs

Int. & Rel. Pro.
* qui, qui?

Pers. Pron.
* je, me, moi
* tu, te, toi
* nous
* vous
* il, ils
* elle, elles
* le, la, les
* lui, leur, se

Idiom. Expres.
*** il y a
*** beaucoup (de)
*** c'est
*** ne . . . pas
*** est-ce que
*** qu'est-ce que
*** (le) voici
*** (le) voilà
*** s'il vous plaît
*** merci
*** bonjour

Prepos.
* à, au, à l', aux
* avec
* dans
* de, du, des, de la
* en
* par
* pour
* sans
* sur
** avant
*** après
*** devant

Verbs
* être
* avoir
* aller
* donner
* il dit
** appeler
** montrer
*** parler
*** demander
*** il répond

Conjunc.
* et
* mais
* si

Nouns
* enfant
* femme
* homme
* jour
*** monsieur
*** madame
*** mademoiselle
*** la maison
*** la porte
*** la fenêtre
*** le garçon
*** le livre
*** le papier
*** la plume
*** l'encre
*** la salle (de classe)
*** l'élève

Adverbs
*où
* comme
* plus
* pas
** aussi
** très
** quand
** toujours
*** oui
*** non

Numbers
*** un
*** deux
*** trois
*** quatre
*** cinq
*** six
*** sept
*** huit
*** neuf
*** dix

APPENDIX B

I. A STUDY OF COGNATES

When the Normans invaded England, they imposed their native tongue on the English people. For two centuries, French remained the official language of the country. As a result, the English language of today contains many words of French origin. About two-fifths of the English vocabulary is derived from the French. Occasionally these words look exactly alike but usually, due to changes in pronunciation, their spelling has been modified. Such words are called cognates, and with a little practice they are easily recognized. A systematic study of the most important of them will help you greatly in enlarging your vocabulary with a minimum effort.

Procedure: Read the French word first, then its English cognate below it:

1. Many French verbs ending in **-er** have English cognates ending in *-e*:

désirer	**inviter**	**continuer**	**trembler**	**arriver**
to desire	to invite	to continue	to tremble	to arrive

2. Sometimes the ending **-er** disappears in English:

accepter	**préférer**	**résister**	**détester**	**représenter**
to accept	to prefer	to resist	to detest	to represent

3. In other verbs the ending **-er** changes to *-ate*:

hésiter	**séparer**	**circuler**	**méditer**	**irriter**
to hesitate	to separate	to circulate	to meditate	to irritate

4. Some verbs ending in **-ier** have cognates ending in *-y*:

signifier	**envier**	**vérifier**	**justifier**	**certifier**
to signify	to envy	to verify	to justify	to certify

5. In other verbs the ending **-uer** changes to *-ute*:

contribuer	**constituer**	**distribuer**	**substituer**
to contribute	to constitute	to distribute	to substitute

6. Many verbs ending in **-ir** in French have cognates ending in *-ish*:

finir	**punir**	**polir**	**accomplir**	**périr**
to finish	to punish	to polish	to accomplish	to perish

7. A number of French nouns ending in **-é** have cognates ending in *-y*:

beauté	**simplicité**	**activité**	**anxiété**	**captivité**
beauty	simplicity	activity	anxiety	captivity

8. Other nouns ending in **-eur** have cognates in *-or*:

empereur	**conspirateur**	**rumeur**	**gouverneur**	**erreur**
emperor	conspirator	rumor	governor	error

9. Sometimes the ending **-re** is reversed into *-er*:

lettre	**ordre**	**coffre**	**théâtre**	**tigre**	**offre**	**octobre**	**nombre**
letter	order	coffer	theater	tiger	offer	october	number

10. Nouns ending in **-ie** in French often end in *-y* in English:

envie	**infamie**	**perfidie**	**cérémonie**	**furie**	**apathie**	**énergie**
envy	infamy	perfidy	ceremony	fury	apathy	energy

11. The endings **-aire** or **-oire** change often into *-ary* and *-ory*:

adversaire	**nécessaire**	**contraire**	**promontoire**	**victoire**
adversary	necessary	contrary	promontory	victory

12. The spelling of **on** or **om** is often represented by *oun* in English:

dénoncer	**annoncer**	**prononcer**	**profond**	**comte**
to denounce	to announce	to pronounce	profound	count

13. Initial **es** or **e** frequently change to *s* in English:

étranger	**étrange**	**étudier**	**esclave**	**état**
stranger	strange	study	slave	state

14. An adjective or a noun ending in **-e** in French will sometimes lose that *e* in English:

riche	**calme**	**soupe**	**victime**	**injuste**	**vaste**	**paire**	**signe**
rich	calm	soup	victim	injust	vast	pair	sign

15. The consonant **qu** is likely to change into *c*, *k*, or *ck*:

masque	**risque**	**attaque**	**banque**	**remarquer**	**indiquer**
mask	risk	attack	bank	to remark	to indicate

16. A number of adjectives ending in **-el** (feminine **-elle**) have cognates ending in *-al*:

mortel	**criminel**	**éternel**	**naturel**	**perpétuelle**	**personnelle**
mortal	criminal	eternal	natural	perpetual	personal

17. A great number of adjectives ending in **-eux** (feminine **-euse**) change this ending
to *-ous*:

sérieux	**dangereux**	**anxieux**	**gracieuse**	**joyeuse**	**hasardeuse**
serious	dangerous	anxious	gracious	joyous	hazardous

18. Adjectives ending in **-if** (feminine **-ive**) will often have cognates ending in *-ive*:

pensif	**furtif**	**attentif**	**lucratif**	**convulsif**
pensive	furtive	attentive	lucrative	convulsive

NOTE: The feminine form of these adjectives resembles the English cognate.

19. A circumflex accent in French often replaces an *s* which has remained in the
English cognate:

arrêter	**intérêt**	**hâte**	**hôte**	**honnête**	**châtiment**	**île**
to arrest	interest	haste	host	honest	chastisement	isle

20. In many French words, the letter **d** has disappeared, especially before a **g** or a **v**:

avantage	**avancer**	**juge**	**jugement**	**aventure**	**loger**
advantage	to advance	judge	judgment	adventure	to lodge

21. Many cognates differ from each other by only one or two letters:

objet	**succéder**	**répéter**	**approcher**	**raison**	**scrupule**
object	to succeed	to repeat	to approach	reason	scruple

22. Other cognates have undergone more profound changes; for instance:

geste	**perfide**	**habitude**	**silencieux**	**somme**
gesture	perfidious	habit	silent	sum

23. The ending **-ant** in verbs and adjectives corresponds to *-ing* in English:

charmant	**amusant**	**tremblant**	**hésitant**	**désirant**
charming	amusing	trembling	hesitating	desiring

24. Adverbs in French end in **-ement** which corresponds to the ending *-ly* in
English:

naturellement	**secrètement**	**finalement**	**simplement**
naturally	secretly	finally	simply

A slight change in spelling occurs with adjectives ending in **-ent** and **-ant**:

patient	**prudent**	**négligent**	**constant**
patiemment	**prudemment**	**négligemment**	**constamment**
patiently	prudently	negligently	constantly

25. There are of course a number of cognates which do not fall into any one category but with the help of the context you probably will guess their meaning. Can you offhand guess the meaning of the following?

1. un habitant
2. le capitaine
3. un officier
4. le prisonnier
5. la tentation
6. le gouvernement
7. le géant
8. le manuscrit
9. régulier
10. un philanthrope
11. jaloux
12. incrédule
13. ridicule
14. le déshonneur
15. plonger
16. une conspiration
17. soudain

A word of caution:

The meanings of the preceding cognates correspond fairly well with each other. There are other cognates, however, which have slightly different meanings and although they give you a valuable clue as to their probable meaning, they are best translated by another word. For instance, the word **cadavre** has a cognate, *cadaver*, but this word is used as a medical term; however, it evokes the idea of a *dead body* and this is all you need to understand the meaning of the word. In a like manner:

> **visage** (*cogn.* visage) evokes the idea of a *face*
> **sévère** (*cogn.* severe) evokes the idea of something *harsh, stern*
> **profond** (*cogn.* profound) evokes the idea of something *deep, etc.*

Remember, you do not have to *translate* the word, you only have to understand its meaning, for reading is nothing more than the understanding of *ideas*. Let the cognate give you a *clue* to help you in understanding the meaning of the sentence.

Sometimes, though rarely, you will come upon a word which looks like an English cognate but is not, for it has quite a different meaning. Such words are called "deceptive cognates," and it is well to be aware of their existence. However, their meanings are generally so far apart that the general meaning of the context makes it quite clear that they are not cognates. For, in the last analysis, you must rely heavily on the context to understand the true meaning of a word. Above all, do not translate word for word, but try to understand the general meaning of a sentence. Reading is not translating; and, in the early stages, translation is the enemy of good reading. It is for that reason that we have reduced to a minimum the difficulties of vocabulary and sentence structure, in order that you may learn to read smoothly, with ease and enjoyment, and acquire the good habits which are essential to a good reader.

II. A Few Preliminary Notes before Reading Chapter I

a. The use of prepositions varies considerably from one language to another; moreover the same preposition has many meanings in any one language. Since prepositions are used to link two words together, you must let the meaning of the sentence guide you in order to grasp the meaning of the preposition. Let your mind remain open and supple, not hidebound by the single meaning which you happen to know, and you will have no difficulty. Take, for instance, the following expressions with the preposition omitted:

Pale ——— envy   A man ——— a morose expression
He has much influence ——— the king

Can you supply the missing prepositions? Of course you can. How did you do it? You simply jumped from one word to the next and linked them in your mind. This is exactly what you must do in French, no matter what preposition is used. As a matter of fact, in the preceding phrases we would use three different prepositions in French: **de, à, auprès de,** all of them meaning *with* in English.

There is however one restriction to this general rule: just as in English, the meaning of a verb changes sometimes according to the preposition which follows it. To *look at* something is not the same as to *look for* something or to *look out*; but in such cases we would consider such a combination as an idiomatic expression and learn it as such.

Another interesting case is the one governing the use of prepositions with the present participles. The only preposition which can be used in French is **en,** while quite a number of them can be used in English. As a result, **en entrant** may mean *on entering, upon entering, while entering, by entering, etc.* Here again, you must rely on the meaning of the sentence to give you the exact meaning of the preposition.

b. Verb tenses. The story is mostly written in the present tense which is permissible in a French narrative. However, there are times when it is imperative to use other tenses. The only one which we will ask you to recognize at first is the past indefinite because it is quite easy for most verbs. For instance, the forms for the regular verbs are as follow:

Verbs ending in **-er:**

parler (to speak)	**inviter** (to invite)	**amasser** (to amass)
il a parlé	**il a invité**	**il a amassé**
he has spoken	he has invited	he has amassed
or he spoke	*or* he invited	*or* he amassed

Verbs ending in **-ir:**

punir (to punish)	**finir** (to finish)	**accomplir** (to accomplish)
il a puni	**il a fini**	**il a accompli**
he has punished	he has finished	he has accomplished
or he punished	*or* he finished	*or* he accomplished

Verbs ending in **-endre** or **-ondre:**

vendre (to sell)	**répondre** (to answer)	**attendre** (to wait for)
il a vendu	**il a répondu**	**il a attendu**
he has sold	he has answered	he has waited for
or he sold	*or* he answered	*or* he waited for

The past participles of irregular verbs which present some difficulty are either translated in the text or put in the margin to be learned as new words.

Since the future tense is rather difficult, it is often replaced by the immediate future which uses the verb "to go" as in English, *i.e.*:

nous allons dîner   **je vais accepter**
we are going to dine   I am going to accept, *etc.*

As we go along, chapter by chapter, we shall try to give you more information which we hope you will find of great help to your reading. Do not fail to read these sections.

APPENDIX C

CHAPTER I

I. IDIOMATIC EXPRESSIONS

In every language, there are expressions peculiar to that language which must be understood *as a whole*. They are called idiomatic expressions and we assume that you know already the following:

> **il y a**   there is, there are
> **voici**   here is;   **le voici**   here it (he) is
> **voilà**   there is;   **le voilà**   there it (he) is
> **beaucoup de**   many, a lot of
> **s'il vous plaît**   if you please
> **est-ce que, qu'est-ce que**   (as a sign of a question)
> **ne . . . pas**   (as a sign of a negative sentence)
> **c'est**   it (he, she, this, that) is

a. Compare the following expressions:

il **ne** répond **pas**	he does not answer
il **ne** répond **rien**	he answers nothing
il **ne** répond **à personne**	he answers no one
personne ne répond	no one answers

b. Study the following expressions:

avant de répondre	before answering
sans protester	without protesting
pour entrer	for entering

In French, prepositions (except **en**) are followed by the infinitive, while in English they are followed by the present participle (except **to**).

c. Note that the verb **aller** is used with an infinitive to express the immediate future:

je vais vous donner	I am going to give you
il va vous fournir	he is going to furnish you
nous allons l'apercevoir	we are going to see it

II. Verbs

You are supposed to know three very important verbs in the present indicative; they are the verbs *to be, to have, to go.* Here they are; go over them quickly.

être		avoir		aller	
je	suis	j'	ai	je	vais
tu	es	tu	as	tu	vas
il	est	il	a	il	va
nous	sommes	nous	avons	nous	allons
vous	êtes	vous	avez	vous	allez
ils	sont	ils	ont	ils	vont

III. Comprehension Test

Of the three choices following each statement, select the one that best completes it according to the story:

1. Le *Pharaon* est (1) un bateau (2) un grand port (3) un homme riche.
2. Le *Pharaon* arrive (1) de Marseille (2) de Bombay (3) de Calcutta.
3. Mercédès est la fiancée (1) de Fernand Mondego (2) d'Edmond Dantès (3) de Monsieur Morel.
4. Danglars est (1) le capitaine du *Pharaon* (2) le cousin de Mercédès (3) un officier sur le *Pharaon.*
5. M. Morel dit (1) qu'il va donner la place de capitaine à Danglars (2) que Dantès a remplacé admirablement le capitaine Leclerc (3) qu'il va diriger lui-même le bateau.
6. Danglars est jaloux de Dantès (1) parce que Dantès a remplacé le capitaine (2) parce que Mercédès l'aime (3) parce que Dantès est riche.
7. Danglars dit à M. Morel que Dantès est (1) un excellent officier (2) un agent de police (3) un conspirateur.
8. M. Morel est heureux (1) parce que son bateau arrive à Marseille (2) parce qu'il va revoir son fils (3) parce que Dantès lui donne une lettre de l'île d'Elbe.

CHAPTER II

I. Idiomatic Expressions

Study the following expressions:

avoir l'air ...	to look ...
avoir l'air heureux	to look happy
avoir l'air jaloux	to look jealous

de . . . en . . .	from . . . to . . .
de temps **en** temps	from time to time
de place **en** place	from place to place
je viens de + *inf.*	I have just + *past part.*
je viens de rencontrer	I have just met
je viens de voir	I have just seen

II. WORD STUDY

a. Did you notice that the following adjectives have an irregular form in the feminine?

Masc.	*Fem.*	*Masc.*	*Fem.*
long	longue	hasardeux	hasardeuse
blanc	blanche	personnel	personnelle
beau (bel)	belle	furtif	furtive
bon	bonne		

b. Note the difference of meaning between:

> voir to see   *and*   **re**voir to see again
> appeler to call   *and*   **ra**ppeler to call back

The prefix **re** (**r**) in front of a verb means generally "again" or "back." Sometimes, however, the meaning varies slightly:

> il **entre**   he enters
> il **rentre**   he re-enters *and also* he comes back
>
> il **s'approche**   he comes near
> il **se rapproche**   he comes nearer

c. A word often has different meanings and you must rely on the text to understand its particular meaning in a given sentence. You have already seen that the words **toujours** and **encore** have different meanings in the following sentences:

> Le spectacle est **toujours** intéressant (always).
> Il ne dit **toujours** rien (still).
> Je vais les séparer pour **toujours** (ever).
>
> Il le regarde **encore** (again).
> Il hésite **encore** (still).
> Il n'est pas **encore** capitaine (yet).

III. VERBS

We assume that you know the conjugation of the regular verbs in the present indicative. To make sure you do, go over quickly the following verbs:

parler	finir	attendre	répondre
je parle	je finis	j' attends	je réponds
tu parles	tu finis	tu attends	tu réponds
il parle	il finit	il attend	il répond
nous parlons	nous finissons	nous attendons	nous répondons
vous parlez	vous finissez	vous attendez	vous répondez
ils parlent	ils finissent	ils attendent	ils répondent

NOTE: *Generally* when the ending of the first person singular of the present indicative is **-s**, the ending of the third person singular is **-t**:

je sais	je dis	je vois	j'aperçois	j'écris
il sait	il dit	il voit	il aperçoit	il écrit

IV. COMPREHENSION TEST

Read the following statements and tell whether they are true or false according to the story:

1. Danglars va voir Fernand dans sa petite maison.
2. Fernand aime sa belle cousine Mercédès.
3. Fernand déteste Dantès parce qu'il est son rival.
4. Danglars a en sa possession une lettre de Napoléon.
5. Il va donner cette lettre à la police.
6. M. Morel écrit une lettre au procureur du roi.
7. Danglars ne sait pas que Fernand a dénoncé Dantès.
8. Dantès a invité ses amis à un beau dîner.
9. Fernand refuse d'entrer dans le café.
10. De temps en temps il regarde dans la rue.
11. Des agents de police s'avancent vers le café.
12. Un agent de police demande: Où est M. Morel?
13. M. Morel est accusé d'être un conspirateur.
14. M. Morel dit à Dantès de ne pas résister à l'agent de police.
15. Edmond dit qu'il est la victime d'un acte de jalousie.

CHAPTER III

I. IDIOMATIC EXPRESSIONS

Study the following expressions:

> **à cause de . . .** on account of . . .
> **à cause de** son père on account of his father
> **à cause de** ses opinions on account of his opinions

II. WORD STUDY

Note the different meanings of the word **quel**:

quel triomphe!	what a triumph!	**quel triomphe?**	what triumph?
quel scandale!	what a scandal!	**quel scandale?**	what scandal?

On the other hand, **lorsque, quand,** and **où** are synonyms in the following sentences:

quand il entre   when he enters
lorsqu'il entre   when he enters
le jour **où** il est entré   the day when he entered

III. VERBS

Study the following verb forms in the imperative:

conduisez	**suivez**	**allez**
take	follow	go

In French, as in English, the imperative does not require any subject; the corresponding forms for the first person plural are:

conduisons	**suivons**	**allons**
let us take	let us follow	let us go

As a rule the forms for the imperative are the same as the forms for the first and second persons plural of the present indicative.

IV. COMPREHENSION TEST

Of the three choices following each statement, select the one that best completes it according to the story:

1. Monsieur de Villefort est (1) ambitieux (2) bonapartiste (3) généreux.
2. M. de Villefort montre à Dantès (1) la lettre de Fernand (2) un ordre secret (3) une lettre de l'empereur.
3. Dantès dit que c'est (1) Napoléon (2) Danglars (3) un marin, qui lui a donné cette lettre.
4. C'est (1) M. Morel (2) Fernand (3) Danglars qui a dénoncé Dantès.
5. Quand Dantès dit le mot «*Noirtier*,» le procureur du roi (1) sourit (2) devient pâle (3) embrasse Dantès.
6. Le procureur sait (1) que son père est innocent (2) que Danglars est un conspirateur (3) que Dantès est innocent.
7. La lettre que Dantès a en sa possession est une lettre (1) de l'empereur (2) d'un agent bonapartiste (3) de M. Noirtier.

8. L'agent principal de la conspiration est (1) M. de Villefort (2) M. Noirtier (3) un marin.

9. M. de Villefort donne l'ordre (1) de conduire Edmond en prison (2) d'arrêter son père (3) d'arrêter M. Morel.

10. M. de Villefort a condamné Dantès (1) parce que c'est un conspirateur (2) pour sauver sa réputation et sa fortune (3) parce qu'il aime beaucoup son père.

CHAPTER IV

I. IDIOMATIC EXPRESSIONS

Study the following expressions:

il fait jour	it is daylight
il fait nuit	it is night time
ni . . . ni	neither . . . nor
ni juges **ni** magistrats	neither judges nor magistrates
ni parents **ni** amis	neither parents nor friends
le (la, les) plus . . .	the most . . .
le plus grand calme	the greatest calm
la plus belle fille	the most beautiful girl
les plus longs voyages	the longest voyages

II. WORD STUDY

Note the different meanings of the word **jamais**:

il ne le voit **jamais**	he *never* sees him
si **jamais** je le vois	if I *ever* see him

III. VERBS

Of all tenses, the present indicative is the most irregular because its stem changes often according to the number of the subject. However, barring a few exceptions, it remains the same for the three persons (*sing.* and *pl.*). The endings are, as a rule:

s, s, t, ons, ez, ent

Therefore, if any one of the persons is known in the singular and the plural, the whole tense can be reconstituted as follows:

	sortir			**conduire**			**suivre**
(known)	**je sors**			je conduis			je suis
	tu sors			tu conduis			tu suis
	il sort	(known)	**il**	**conduit**	(known)	**il**	**suit**
	nous sortons			nous conduisons			nous suivons
	vous sortez	(known) **vous**		**conduisez**	(known) **vous**		**suivez**
(known)	**ils sortent**			ils conduisent			ils suivent

IV. COMPREHENSION TEST

Read the following statements and tell whether they are true or false according to the story:

1. Monsieur de Villefort conduit lui-même Dantès au château d'If.
2. On attend la nuit pour aller au port.
3. Les gardes ne parlent pas au prisonnier.
4. On se dirige en bateau vers le château d'If.
5. Dantès se demande avec inquiétude pourquoi on va au château d'If.
6. Le gouverneur refuse de voir Dantès.
7. Dantès refuse de répondre aux questions du gouverneur.
8. On conduit le malheureux Dantès dans un cachot.
9. Dantès écrit une lettre au roi pour demander justice.
10. Le garde prend la lettre et la donne au gouverneur.
11. Le gouverneur lit toujours les lettres des prisonniers.
12. Dantès, dans son désespoir, refuse de manger.
13. S'il sort jamais de prison, il réserve une terrible vengeance à ses ennemis.

CHAPTER V

I. IDIOMATIC EXPRESSIONS

Study the following expressions:

Depuis quand travaillez-vous? **Je travaille depuis** cinq ans.
How long have you been working? *I have been working for* five years.

Depuis quand êtes-vous en prison? **J'y suis depuis** six ans.
How long have you been in prison? *I have been there for* six years.

Depuis, je ne sais rien. **Depuis qu'il est** ici, il ne sait rien.
Since then, I know nothing. *Since he has been* here, he knows nothing.

II. WORD STUDY

The word **même** has several meanings: as an adjective, its meaning is different according to whether it is placed before or after the noun; it is used also as an adverb and as a pronoun.

adj. (before noun)	*adj.* (after noun)	*adverb*	*pronoun*
le **même** jour	le jour **même**	je ne sais **même** pas	lui-**même**
the *same* day	the *very* day	I do not *even* know	*himself*

III. VERBS

Reflexive verbs:

You have seen already such verbs as: **il s'approche, il s'arrête, il s'inquiète.** The infinitive of these verbs is always preceded by **se** which can be translated, though not always, by *self*. It conveys the idea that the subject and object are one. We give you for further reference the pattern of these verbs in the present indicative:

se diriger		s'arrêter		se dire	
to direct (one's steps)		to stop (oneself)		to say (to oneself)	
je me	dirige	je m'	arrête	je me	dis
tu te	diriges	tu t'	arrêtes	tu te	dis
il se	dirige	il s'	arrête	il se	dit
nous nous	dirigeons	nous nous	arrêtons	nous nous	disons
vous vous	dirigez	vous vous	arrêtez	vous vous	dites
ils se	dirigent	ils s'	arrêtent	ils se	disent

Observe the following forms:

nous allons **nous** voir	ils **se** regardent	vous **vous** parlez
we are going to see	they look at	you speak to
each other	*each other*	*each other*

These forms are identical to the forms of reflexive verbs, but they are in fact the forms of reciprocal verbs and the pronouns are translated *each other* or *to each other*.

IV. COMPREHENSION TEST

Tell whether the following statements are true or false according to the story:

1. Le désir de la vengeance donne du courage à Dantès.
2. L'homme qu'il déteste le plus, c'est le gouverneur de la prison.
3. Dantès est un homme simple et sans éducation.
4. Le temps semble long à Dantès parce qu'il ne peut rien faire.
5. Une nuit, Dantès entend un prisonnier qui l'appelle.

6. Le bruit semble venir de l'autre côté de la porte.
7. Dantès frappe à son tour trois fois contre la porte.
8. Edmond Dantès est en prison depuis six ans.
9. L'autre prisonnier s'appelle l'abbé Faria.
10. Il est en prison pour avoir conspiré contre Napoléon.
11. L'abbé Faria entre dans le cachot de Dantès.
12. Dantès raconte son histoire à l'abbé Faria.
13. Dantès est sûr que c'est sa fiancée qui l'a dénoncé.
14. Les deux prisonniers vont dans le cachot de Faria.
15. Faria est ingénieux et a fait beaucoup de choses.
16. Il dit que le temps passe lentement quand on ne fait rien.
17. Avant de venir en prison, Faria a étudié beaucoup.
18. Il propose à Dantès d'étudier avec lui.

CHAPTER VI

I. IDIOMATIC EXPRESSIONS

Note the difference in meaning between:

tout le jour	**toute la** journée	**toute la** nuit
the whole day long	all day long	the whole night
and	*and*	*and*
tous les jours	**toutes ses** journées	**toutes les** nuits
every day	all his days	every night

II. WORD STUDY

Verbs preceded in the infinitive by **se** have sometimes a different meaning from the same simple verb. You have already seen the following examples:

diriger	to direct	*and*	**se diriger**	to go towards
apercevoir	to see	*and*	**s'apercevoir**	to notice
demander	to ask	*and*	**se demander**	to wonder
arrêter	to arrest	*and*	**s'arrêter**	to stop
appeler	to call	*and*	**s'appeler**	to be named

III. VERBS

Did you notice the slight changes in the stem of the following verbs?

jeter		**appeler**		**enlever**	
vous	je-tez	vous	appe-lez	vous	enle-vez
ils	jet-tent	ils	appel-lent	ils	enlè-vent

These changes are due to the fact that if the last syllable of the *stem* is a mute **e**, the stem is reënforced before the endings **e, es, ent** by doubling the consonant (ils jettent) or by changing the **e** to **è** (ils enlèvent).

IV. COMPREHENSION TEST

Of the three choices given with each statement, select the one which best completes it according to the story:

1. Dantès va dans le cachot de Faria pour (1) dormir (2) manger (3) travailler.
2. L'abbé Faria est (1) un homme de grande distinction (2) le cousin du cardinal Spada (3) un homme très ignorant.
3. Sous l'influence de Faria, Dantès devient (1) un homme brutal (2) un homme aux manières élégantes (3) très malheureux.
4. Dantès (1) est jaloux de l'abbé Faria (2) aime l'abbé comme son père (3) n'a pas assez d'intelligence pour apprendre.
5. Faria a décidé (1) de sortir de prison (2) de devenir secrétaire (3) de révéler son secret à Dantès.
6. Ce secret concerne (1) un trésor (2) un beau manuscrit (3) une conspiration.
7. Faria a trouvé un testament (1) dans sa prison (2) dans un manuscrit (3) dans une grotte.
8. Le vieux testament est écrit (1) en français (2) en italien (3) en latin.
9. Le trésor est caché (1) dans une grotte (2) à Milan (3) dans la maison du cardinal Spada.
10. Monte-Cristo est (1) une île (2) une prison (3) une forteresse.
11. L'abbé Faria a décidé (1) de cacher le trésor dans une île (2) de le donner à la France (3) de le donner à Dantès.
12. Le trésor est à celui qui le trouve, parce que (1) il est bien caché (2) il est dans une île déserte (3) il n'y a plus personne de la famille Spada.
13. L'île de Monte-Cristo est (1) grande (2) déserte (3) habitée.
14. Dantès dit qu'avec la liberté et le trésor (1) la vengeance est à lui (2) la vengeance devient impossible (3) il ne va plus penser à la vengeance.
15. L'abbé Faria est très troublé par (1) l'indifférence de Dantès (2) l'idée qu'on a déjà trouvé le trésor (3) le désir de vengeance de Dantès.

CHAPTER VII

I. IDIOMATIC EXPRESSIONS

Compare the following expressions:

Il dépense **plus de** quinze millions. He spends *more than* 15 millions.
Je dépense **plus que** lui. I spend *more than* he does.

Il dépense **plus d'**argent maintenant. He spends *more* money now.
Il **ne** dépense **plus** d'argent maintenant. He does *not* spend *any more* money now.

de trois côtés   *on three sides*
de quel côté ?   *which way?*
de l'autre côté du mur   *on the other side* of the wall
de ce côté   *in that direction, this way*
à côté du mur   *near* the wall

de plus en plus . . .   *more and more . . .*
de plus en plus malheureux   *more and more* unhappy
de plus en plus fatigué   *more and more* fatigued

plus . . . plus . . .   *the more . . . the more . . .*
Plus il l'examine, **plus** elle lui plaît. *The more* he examines it, *the more* he likes it.
Plus il y pense, **plus** il le désire. *The more* he thinks of it, *the more* he wants it.

II. Word Study

The word **heure** has different meanings such as:

Quelle heure est-il ?   *What time* is it?
Il est **six heures**.   It is *six o'clock*.
en quelques **heures**   *within* a few *hours*
de bonne heure   *early*
A la bonne heure !   *Good!*

III. Verbs

a. In French, the auxiliary *to be* is sometimes used instead of the auxiliary *to have* in the past indefinite. Compare, for instance, the following expressions:

il **a** donné (he gave)   *with*   il **est** allé (he went)
il **a** fini (he finished)   *with*   il **est** arrivé (he arrived)
il **a** regardé (he looked)   *with*   il **est** sorti (he went out)
il **a** demandé (he asked)   *with*   il **est** monté (he went up)

Note that these verbs are all translated as if the auxiliary *to have* was used in all the cases.

b. Barring a very few exceptions, compound verbs follow the same pattern for their conjugation as the main verb. For instance:

reprendre, apprendre, comprendre are conjugated like **prendre**
revenir, devenir, convenir, prévenir like **venir**

IV. COMPREHENSION TEST

Tell whether the following statements are true or false according to the story:

1. Une nuit, l'abbé Faria vient voir Dantès dans son cachot.
2. Il est très malade et Dantès appelle au secours.
3. Un garde reste près de Dantès toute la nuit.
4. Le garde donne à Dantès la permission de rester avec Faria.
5. Personne ne dit à Dantès que Faria est mort.
6. Au château d'If, on jette les prisonniers morts à la mer.
7. Dantès entre dans le cachot de Faria quand le garde n'est plus là.
8. Dantès est bien triste parce qu'il va rester seul.
9. L'idée lui vient de prendre la place de Faria dans le sac.
10. Un garde arrive et voit Dantès dans le cachot de Faria.
11. Furieux, le garde frappe Dantès et le met dans un sac.
12. On emporte Dantès qui crie et proteste dans le sac.
13. Les gardes jettent Dantès et Faria à la mer.
14. Dantès ouvre le sac et revient à la surface de la mer.
15. Dantès se met à nager, heureux d'être libre.
16. Mais sa fatigue devient de plus en plus grande.
17. Un moment arrive où Dantès ne peut plus nager.
18. Soudain un bateau arrive et Dantès est sauvé.

CHAPTER VIII

I. IDIOMATIC EXPRESSIONS

Study the following expressions:

il y a six semaines   six weeks *ago.*
Il y a six semaines **qu'il est** ici.   *He has been* here *for* six weeks.
Il a six ans.   *He is six years old.*
Quel âge avez-vous ?   *How old are you?*
Il est devenu riche.   *He has become* rich.
Qu'est-elle devenue ?   *What has become of her?*

II. WORD STUDY

a. Related words. Study the following:

deux, le deuxième
trois, le troisième
cent, le centième

Ordinal numbers are formed by adding **-ième** to the cardinal numbers. Exceptions:
le premier (the first); **le dernier** (the last).

b. Note the different meanings of the verb **devoir**:

> **Je dois aller** à Marseille.   *I am to go* to Marseille.
> **Il ne doit pas** parler.   *He must not* speak.
> incertain **s'il doit** continuer   uncertain *if he ought* to go on
> **Je vous dois** la vie.   *I owe you* my life.

III. Verbs

Some irregular verbs are not too difficult to recognize because an important part of the stem is kept throughout the tense. Study the following verbs:

par-tir		**dor-mir**		**met-tre**		**per-dre**	
je	pars	je	dors	je	mets	je	perds
tu	pars	tu	dors	tu	mets	tu	perds
il	part	il	dort	il	met	il	perd
nous	partons	nous	dormons	nous	mettons	nous	perdons
vous	partez	vous	dormez	vous	mettez	vous	perdez
ils	partent	ils	dorment	ils	mettent	ils	perdent

Note that in the plural, the stem resembles closely that of the infinitive:

part-ir   **dorm**-ir   **mett**-re   **perd**-re

IV. Comprehension Test

Tell whether the following statements are true or false according to the story:

1. On transporte Dantès sur le bateau la *Santa Lucia*.
2. Le capitaine demande à Dantès s'il vient du château d'If.
3. Le capitaine a besoin d'un pilote.
4. Les marins de la *Santa Lucia* n'aiment pas Dantès.
5. Ils ne l'aiment pas parce qu'il est Français.
6. Jacopo apporte quelque chose à manger à Dantès.
7. Soudain on entend le canon du château d'If.
8. C'est le signal que l'on vient d'exécuter un prisonnier.
9. Dantès devient très pâle, mais il continue de manger.
10. Le capitaine croit que Dantès est probablement un prisonnier.
11. Mais il a besoin d'un pilote et il ne dit rien.
12. Le capitaine voit que Dantès est mort de fatigue.
13. Il lui dit d'aller dormir pendant quelques heures.
14. C'est Jacopo qui a sauvé la vie à Dantès.
15. Le capitaine demande à Dantès de les accompagner en France.
16. Les marins ont un rendez-vous à l'île de Monte-Cristo.
17. Dantès refuse d'aller avec eux à Monte-Cristo.
18. Il préfère y aller seul pour chercher son trésor.

CHAPTER IX

I. IDIOMATIC EXPRESSIONS

Study the following expressions:

Il a besoin d'un pilote.   *He needs* a pilot.
pousser un cri   *to utter a cry*
se faire entendre   *to be heard*

tout en . . .   *while . . .*
tout en mangeant   *while eating*
tout en parlant   *while speaking*

huit jours   *a week*
quinze jours   *a fortnight*
ce qui   *that which, what*
ce que   *that which, what*

Note the difference in meaning between:

Il mange **peu.**   He eats *very little.*
Il mange **un peu.**   He eats *a little.*
Il mange **un peu de** pain.   He eats *a bit of* bread.
Il mange **peu de** pain.   He eats *very little* bread.

II. VERBS

An important group of verbs have endings somewhat similar to the endings of the regular verbs in **-ir** (**-issons** changing into **-aissons**):

paraître		**disparaître**		**connaître**	
je	parais	je	disparais	je	connais
tu	parais	tu	disparais	tu	connais
il	paraît	il	disparaît	il	connaît
nous	paraissons	nous	disparaissons	nous	connaissons
vous	paraissez	vous	disparaissez	vous	connaissez
ils	paraissent	ils	disparaissent	ils	connaissent

III. COMPREHENSION TEST

Of the three choices given with each statement, select the one which completes it best according to the story:

1. Dantès est (1) impatient (2) tranquille (3) malheureux.
2. Il dit aux marins d'aller dormir parce que (1) il fait nuit (2) ils sont morts de fatigue (3) Dantès veut rester seul.

3. Dantès doit trouver un prétexte pour (1) diriger le bateau (2) rester seul dans l'île (3) ne pas travailler.

4. Quand on arrive à Monte-Cristo, Dantès (1) reste sur le bateau (2) dort dans sa cabine (3) saute dans un canot (rowboat).

5. L'accident de Dantès (1) n'est pas sérieux (2) est très grave (3) arrive sur le bateau.

6. Dantès demande qu'on le laisse dans l'île avec (1) des marchandises (2) des provisions (3) Jacopo.

7. Dantès cherche (1) quelque chose à manger (2) l'ouverture de la grotte (3) un petit bateau.
   On a fermé l'ouverture de la grotte avec (1) des rochers (2) un grand mur (3) une grande porte.

9. Dantès déplace les rochers avec (1) ses mains (2) une torche (3) de la poudre (powder).

10. Pour voir dans la grotte Dantès (1) allume une torche (2) ouvre la fenêtre (3) déplace un rocher.

11. Le trésor est (1) dans un coffre (2) dans un sac (3) sous une grosse pierre.

12. Dantès croit être la victime (1) de bandits (2) du capitaine (3) d'une hallucination.

CHAPTER X

I. Idiomatic Expressions

Study the following expressions:

Il part **aussitôt**.   He leaves *immediately*.
Il va partir **aussitôt que** possible.   He will leave *as soon as* possible.

Il reste là, **attendant** son ami.   He remains there, *waiting for* his friend.
En attendant, continuez votre travail.   *Meanwhile*, go on with your work.

Il **laisse tomber** quelque chose.   He *lets* something *fall*.
Il **fait tomber** quelque chose.   He *causes* something *to fall*.

Justement, il désire un bateau.   *As it happens*, he wants a boat.
C'est **juste** ce qu'il désire.   It is *exactly* what he wants.

II. Word Study

Study carefully the different meanings of the word **ainsi**:

Tous les prisonniers sont **ainsi** . . .   *thus, like this*
Ainsi, ses ennemis sont devenus riches!   *So . . . !*
S'il en est **ainsi** . . .   If *such* is the case . . .

The adjective **vieux** in front of a vowel becomes **vieil.** Compare with the feminine form **vieille** and the word **vieillard** (old man).

III. VERBS

In this chapter you have probably noticed that the verbs *to have* and *to be* were used in the imperfect tense in the following sentences:

Louis Dantès **avait** un fils.	Louis Dantès *had* a son.
Ils **avaient** fait cela.	They *had* done this.
Edmond **était** son rival.	Edmond *was* his rival.
Ils **étaient** jaloux de lui.	They *were* jealous of him.

It is important that you should learn to recognize these two verbs in the imperfect. Note that this tense can be translated several ways; for instance:

J'avais may mean: I had, I used to have, I was having, I would have (when "would" means "used to").

IV. COMPREHENSION TEST

Tell whether the following statements are true or false according to the story:

1. Dantès remet le coffre en place sans rien prendre.
2. Le bateau la *Santa Lucia* revient le sixième jour.
3. Dantès retourne à Malte où demeure sa famille.
4. Dantès vend tous ses diamants pour cinq mille francs.
5. Le marchand, qui a des soupçons, fait arrêter Dantès.
6. Dantès passe maintenant pour un Anglais très riche.
7. Il va à Gênes pour acheter un bateau.
8. Puis il se rend tout seul à l'île de Monte-Cristo.
9. Il ne peut plus retrouver la grotte où est le trésor.
10. Dantès achète l'île de Monte-Cristo au gouvernement italien.
11. Les années de prison ont bien changé Dantès.
12. Il rentre en France sous le nom de Monte-Cristo.
13. Mercédès habite maintenant dans la maison de M. Dantès.
14. Un vieil ami de M. Dantès reconnaît Edmond.
15. Le père d'Edmond est mort en prison.
16. Il est mort tout seul et sans amis.
17. M. Morel a perdu tous ses bateaux excepté le *Pharaon*.
18. Si le *Pharaon* ne revient pas, M. Morel est ruiné.
19. Les ennemis de Dantès ont prospéré et sont devenus riches.
20. Mercédès s'appelle maintenant la comtesse de Morcef.

CHAPTER XI

I. IDIOMATIC EXPRESSIONS

Study the following expressions:

> **avoir 33 ans**   to be 33 years old
> **avoir raison**   to be right
> **avoir peur**   to be afraid
> **avoir besoin de**   to need
>
> **combien de** livres?   how many *books?*
> **combien d'**argent?   how much *money?*
> **combien de temps?**   how long?
> **c'est combien?**   how much?

Note the difference in meaning between:

> **chercher**   to look for, to seek
> **chercher à**   to try (to do something)
> **aller chercher**   to go and fetch
> **venir chercher**   to come for
> **envoyer chercher**   to send for

The two following expressions have the same meaning:

> **Que s'est-il passé?**   What happened?
> **Qu'est-il arrivé?**   What happened?

II. WORD STUDY

Look at the following cognates:

décourager	**déplacer**	**désordre**	**déshonneur**
discourage	displace	disorder	dishonor

The prefix **de, dés** in French corresponds to the prefix *dis* in English.

III. VERBS

Learn to recognize the following irregular verbs in the present tense:

li-re		**ri-re**		**vi-vre**		**écri-re**	
je	lis	je	ris	je	vis	j'	écris
tu	lis	tu	ris	tu	vis	tu	écris
il	lit	il	rit	il	vit	il	écrit
nous	lisons	nous	rions	nous	vivons	nous	écrivons
vous	lisez	vous	riez	vous	vivez	vous	écrivez
ils	lisent	ils	rient	ils	vivent	ils	écrivent

IV. COMPREHENSION TEST

Tell whether the following statements are true or false according to the story:

1. M. Banning se présente un jour à la banque Thomson & French.
2. M. Banning veut vendre tous ses billets sur la maison Morel.
3. Si le *Pharaon* ne revient pas, M. Morel est ruiné.
4. M. Banning va ensuite chez M. Morel.
5. La jeune fille qui vient ouvrir la porte reconnaît M. Banning.
6. Elle est sûre que cet Anglais est en réalité Edmond Dantès.
7. M. Morel a l'air inquiet et fatigué.
8. Une rumeur circule que M. Morel ne peut pas payer ses dettes.
9. Soudain, un marin entre dans le bureau de M. Morel.
10. Penelon était le capitaine du *Pharaon*.
11. Il annonce à M. Morel que le *Pharaon* est perdu.
12. L'Anglais donne six mois à M. Morel pour payer ses dettes.
13. L'Anglais se rend à Gênes où l'on a construit le *Pharaon*.
14. Il veut faire construire un bateau tout pareil au *Pharaon*.
15. Il est impossible de construire ce bateau en un an.
16. L'Anglais va à Marseille acheter des marchandises pour le bateau.
17. Il a l'intention de faire du commerce avec l'Orient.
18. Un jour, on apporte à M. Morel tous ses billets payés.
19. M. Morel est sauvé de la ruine et du déshonneur.
20. M. Morel sait que c'est Edmond Dantès qui les a sauvés.

CHAPTER XII

I. IDIOMATIC EXPRESSIONS

Study the following idiomatic expressions with the word **bien**:

Il travaille **bien**.   He works *well.*
Je suis **bien** stupide.   I am *very* stupid.
C'est **bien** difficile.   It is *very* difficult.
C'est **bien** sa signature.   *It is indeed* his signature.
C'est **bien**!   *All right!*
Eh **bien**!   *Well!*
bien des gens   *many* people
bien du bruit   *much* noise

Observe the different forms of the demonstrative pronoun:

Masc.	*Fem.*	*Masc. Pl.*	*Fem. Pl.*
celui-ci (this one)	**celle-ci**	**ceux-ci**	**celles-ci**
celui qui (the one)	**celle qui**	**ceux qui**	**celles qui**

II. WORD STUDY

Related words:

The knowledge of one cognate can sometimes help you to understand the meaning of a related word which has no cognate in English. Study the relationship between the following words and see if you can guess the meaning of the related words:

Noun	Verb	Adjective
animation	animer	animé
agitation	agiter	agité
consternation	consterner	consterné
indignation	indigner	indigné
satisfaction	satisfaire	satisfait

III. VERBS

The verbs **tenir** and **venir** are generally studied together because their conjugations are very similar. Their numerous compounds are also conjugated in the same way. Note the modification of the stem in the third person plural due to the silent ending:

	venir		**tenir**
je	viens	je	tiens
tu	viens	tu	tiens
il	vient	il	tient
nous	venons	nous	tenons
vous	venez	vous	tenez
ils	**vien**nent	ils	**tien**nent

IV. COMPREHENSION TEST

Tell whether the following statements are true or false according to the story:

1. Albert de Morcef voyage en Italie avec ses parents.
2. Au moment du Carnaval, il vient beaucoup de gens à Rome.
3. Albert trouve facilement une belle chambre à l'hôtel.
4. Il trouve aussi une voiture et deux chevaux.
5. Mais il est impossible d'avoir une fenêtre sur le Corso.
6. Le comte de Monte-Cristo lui offre une place dans sa voiture.
7. Albert refuse son offre parce qu'il a déjà une voiture.
8. Le comte charme Albert et Frantz par sa politesse.
9. Une belle fille donne un rendez-vous à Albert.
10. Albert attend longtemps, mais la belle fille ne vient pas.
11. C'est le père qui vient à la place de la jeune fille.
12. Il est furieux contre Albert et veut appeler la police.
13. Albert est tombé entre les mains du bandit Luigi Vampa.

14. Albert écrit une lettre au comte pour lui demander de l'argent.
15. Ni le comte ni Frantz n'ont sur eux l'argent de la rançon.
16. Le comte propose à Frantz d'aller trouver Luigi Vampa.
17. Monte-Cristo a autrefois sauvé la vie à Peppino.
18. Les catacombes sont de vieilles prisons de Rome.
19. Frantz paie la rançon d'Albert à Luigi Vampa.
20. Il semble que le comte a arrangé cette affaire avec Luigi Vampa.

CHAPTER XIII

I. IDIOMATIC EXPRESSIONS

The word **tout** (adjective, pronoun, adverb) is used in many idiomatic expressions. Study the following:

a. as an adverb:

Il est **tout** pâle.   He is *very pale.*
L'île est **toute** petite.   The island is *quite* small.
Il a **tout l'air** d'un homme.   He looks *very much* like a man.
Il trouve **tout** naturel.   He finds it *quite* natural.
tout joyeux *overjoyed*
tout souriant   *all smiles*

b. as a pronoun:

C'est **tout.**   That's *all.*
après **tout**   after *all*
Je veux apprendre **tout.**   I want to learn *everything.*
pas du tout   *not at all*
tout ce que   *all that which*

II. WORD STUDY

Related words: A great number of adjectives and nouns are related in the following manner:

facile	la facilité	grand	la grandeur
agile	l'agilité	blanc	la blancheur
obscur	l'obscurité	profond	la profondeur
beau	la beauté	pâle	la pâleur
triste	la tristesse	imprudent	l'imprudence
vieil	la vieillesse	différent	la différence
riche	la richesse	important	l'importance
poli	la politesse	distant	la distance

III. VERBS

The verb **prendre** and its compounds, although ending in **-endre,** are not regular verbs. The **d** of the stem disappears in the plural and as a consequence there is an adjustment due to the silent ending of the third person plural. Study them carefully; they are important.

prendre	**apprendre**	**comprendre**
je prends	j' apprends	je comprends
tu prends	tu apprends	tu comprends
il prend	il apprend	il comprend
nous prenons	nous apprenons	nous comprenons
vous prenez	vous apprenez	vous comprenez
ils pre**nn**ent	ils appre**nn**ent	ils compre**nn**ent

IV. COMPREHENSION TEST

Tell whether the following statements are true or false according to the story:
1. On parle de l'arrivée de Monte-Cristo dans tous les salons.
2. Le comte a la réputation d'un homme violent et arrogant.
3. Le comte a acheté un superbe hôtel à Paris.
4. A son arrivée, le comte invite Albert à déjeuner chez lui.
5. Le comte arrive à pied chez son ami Albert.
6. Le comte fait une profonde impression sur les amis d'Albert.
7. Albert demeure dans la même maison que ses parents.
8. Albert croit que sa famille est une vieille famille de France.
9. Le comte est très poli mais froid avec M. de Morcef.
10. M. de Morcef invite le comte à aller avec lui à l'Opéra.
11. Le comte préfère rester pour voir Mme de Morcef.
12. La comtesse devient très pâle en entendant la voix du comte.
13. Mercédès a peur du comte parce qu'il sort de prison.
14. Elle dit à son fils que le comte apporte la mort avec lui.
15. Albert dit que le comte lui a fait la même impression.

CHAPTER XIV

I. IDIOMATIC EXPRESSIONS

Study the following expressions with the word **aussi**:

Il est **aussi** très riche.   He is *also* very rich.
Il est **aussi** riche **que** moi.   He is *as* rich *as* I am.
Vous l'admirez? **Moi aussi.**   You admire him? *So do I.*
Lui **aussi** est très ému.   He *too* is deeply moved.
une **aussi** petite somme   *such a* small sum

Note the difference in meaning between:

Qu'y a-t-il?   What is the matter?
Qu'avez-vous?   What is the matter with you?

Study the meaning of the verb **faire** followed by an infinitive:

Il fait construire un bateau.   He has a boat built.
Il fait acheter une maison.   He has a house bought.

II. Word Study

Study the relationship between the following French words:

capable	juste	patient	possible	limité
incapable	injuste	impatient	impossible	illimité

The prefixes **in, im, il,** have a negative meaning (is not).

III. Verbs

Verbs ending in **-evoir** follow the same pattern:

d-evoir		**rec-evoir**		**aperc-evoir**	
je	dois	je	reçois	j'	aperçois
tu	dois	tu	reçois	tu	aperçois
il	doit	il	reçoit	il	aperçoit
nous	devons	nous	recevons	nous	apercevons
vous	devez	vous	recevez	vous	apercevez
ils	doivent	ils	reçoivent	ils	aperçoivent

Note the slight adjustment in the third person plural due to the silent ending.
These verbs have *two* stems which you will find in other tenses:

devoir	recevoir	apercevoir
d-	**rec-**	**aperc-**
dev-	**recev-**	**apercev-**

IV. Comprehension Test

Of the three choices given with each statement select the one which best completes it according to the story:

1. Le comte de Monte-Cristo va voir (1) Monsieur de Villefort (2) le baron Danglars (3) Madame de Villefort.
2. La banque Thomson & French a envoyé à M. Danglars (1) une grosse somme d'argent (2) un chèque pour un million (3) une lettre qui ouvre un crédit à Monte-Cristo.

3. Le comte de Monte-Cristo montre au baron (1) une lettre du gouvernement italien (2) son passeport (3) deux lettres de crédit.
4. Pendant la première année, le comte va dépenser (1) plusieurs millions (2) cinq cent mille francs (3) très peu d'argent.
5. Le baron Danglars demande au comte (1) la permission de le présenter à Mme Danglars (2) de lui donner de l'argent (3) de l'accompagner chez des amis.
6. Dans le salon de Mme Danglars, le comte est présenté (1) à Maximilien Morel (2) à Mme de Villefort (3) au procureur du roi.
7. On raconte l'histoire (1) d'un horrible accident (2) d'une aventure de la baronne (3) d'un cas d'empoisonnement.
8. Dans la fiole (phial) que le comte, montre aux dames, il y a (1) un poison subtil (2) un parfum très rare (3) un antidote.
9. Les dames, charmées par le comte, (1) acceptent son invitation à un bal (2) l'invitent à venir les voir (3) lui demandent son adresse.
10. Après le départ des dames, le comte (1) reste à dîner avec Mme Danglars (2) ne retrouve pas son élixir (3) donne l'élixir à Mme Danglars.
11. Mme de Morcef invite le comte de Monte-Cristo (1) à un bal (2) à déjeuner (3) à un grand dîner.
12. Pendant le bal, le comte (1) refuse les rafraîchissements (refreshments) (2) accepte quelques fruits (3) danse avec Mme de Morcef.
13. Madame de Morcef demande à Monte-Cristo (1) de dîner avec elle (2) de venir la voir le lendemain (3) de l'accompagner au jardin.
14. Le comte dit à la comtesse (1) qu'il vit seul (2) que son fils est mort (3) qu'il vit avec son père.
15. Le comte a pardonné (1) à ses ennemis (2) à Mercédès (3) à Fernand.

CHAPTER XV

I. Idiomatic Expressions

Study the following expressions:

la femme qu'il a **tant** aimée   the woman whom he loved *so much*
vous faites **tant de** bruit   you are making *so much* noise
il a **tant de** millions   he has *so many* millions
tant que cela dure   *as long as* this lasts

C'est un **lieu** charmant.   It is a charming *place.*
Ce duel va **avoir lieu**.   That duel is going *to take place.*
Au lieu de le tuer, il va se tuer.   *Instead of* killing him, he is going to kill himself.

II. WORD STUDY

Related words: The following words are related to each other, and one or more have English cognates. Can you guess the meaning of those which you do not know?

a. l'honneur, honorer, honorable, déshonorer, déshonorable, le déshonneur
b. diriger, la direction, le directeur, directement
c. la prison, le prisonnier, emprisonner, l'emprisonnement

III. VERBS

You know already the imperfect tense of the verbs *to have* and *to be*. In this chapter, other verbs are used in the same tense, such as **il préférait, il aimait.** The imperfect is not too difficult to recognize since the stem is the same as the stem of the first person plural of the present indicative (except for the verb *to be*). Study the following examples:

finir	venir	devoir
(nous **finissons**)	(nous **venons**)	(nous **devons**)
je finissais	je venais	je devais
tu finissais	tu venais	tu devais
il finissait	il venait	il devait
nous finissions	nous venions	nous devions
vous finissiez	vous veniez	vous deviez
ils finissaient	ils venaient	ils devaient

Remember, the imperfect may be translated four ways; *i.e.:*

je finissais I finished, I used to finish, I was finishing,
I would finish (when "would" means "used to")

IV. COMPREHENSION TEST

Tell whether the following statements are true or false according to the story:

1. Albert rencontre Haydée chez le comte de Monte-Cristo.
2. Le comte explique à Albert que la jeune femme a beaucoup souffert.
3. Il dit à Haydée de raconter son histoire à Albert.
4. Haydée, qui n'aime pas Albert, refuse de parler.
5. Haydée est la fille du Sultan de Constantinople.
6. Son père et sa mère sont prisonniers à Constantinople.
7. Un officier français a ouvert les portes de Janina aux Turcs.
8. Albert dit que cet officier a déshonoré l'armée française.
9. Cet homme est devenu riche et pair de France.
10. C'est Monte-Cristo qui a sauvé la vie à Haydée.

11. Un journal dit que l'officier français s'appelait Mondego.
12. C'est Albert qui a révélé le nom de l'officier au journal.
13. Monte-Cristo vient demander une explication à Albert.
14. Albert et le comte vont se battre en duel.
15. Mme de Morcef vient trouver le comte chez lui.
16. Elle sait que le comte est en réalité Edmond Dantès.
17. Le comte révèle à Mercédès la trahison de Fernand.
18. Mercédès connaît cette trahison depuis longtemps.
19. Le comte refuse la demande de Mercédès et la prie de sortir.
20. Furieuse, Mercédès menace de révéler l'identité de Monte-Cristo.

CHAPTER XVI

I. IDIOMATIC EXPRESSIONS

Study the following expressions:

> **prêt à**   ready to
> **tout à coup**   suddenly
> **au milieu de**   in the midst of
> **tous deux, tous les deux**   both
> **d'habitude**   usually
> **comme d'habitude**   as usual

II. WORD STUDY

Note the different meanings of the word **monde**:

> **tout le monde**   everybody
> **l'estime du monde**   people's esteem
> **vieille comme le monde**   as old as the world
> **aller dans le monde**   go into society
> **un homme du monde**   belonging to the best society

Synonyms:

> un **lieu**, une **place**, un **endroit** (*place*)
> **si** grave, **tellement** grave (*so* grave)

Related words: The following words are related to each other; one or more have English cognates. Can you guess the meaning of those which you do not know?

> présenter, la présentation, la présence, représenter, présentable
> faveur, favoriser, favorable, défavorable, favorablement
> préférer, préférable, la préférence, préféré

III. Verbs

The verbs **vouloir** and **pouvoir** are very important verbs, but rather difficult. They are generally studied together because they present some similarities in their conjugation. Study them carefully:

vouloir		**pouvoir**	
je	veux	je	peux
tu	veux	tu	peux
il	veut	il	peut
nous	voulons	nous	pouvons
vous	voulez	vous	pouvez
ils	veulent	ils	peuvent

IV. Comprehension Test

Tell whether the following statements are true or false according to the story:

1. Le comte a décidé de tuer Albert en duel.
2. Au moment de se battre, Albert offre ses excuses au comte.
3. Il ne veut pas se battre parce qu'il a peur du comte.
4. Le pauvre Albert connaît maintenant la trahison de son père.
5. Il est impossible de punir les criminels sans frapper les innocents.
6. M. de Morcef se rend comme d'habitude à la Chambre des Pairs.
7. Ce jour-là, il y a une grande agitation dans la Chambre.
8. M. de Morcef est très inquiet à cause d'un article de journal.
9. Un membre de la Chambre demande une investigation.
10. M. de Morcef est décidé à mentir pour se défendre.
11. Il dit qu'il est la victime d'une calomnie infâme.
12. Une jeune femme se lève pour défendre Mondego.
13. Haydée dit qu'elle est la fille d'Ali-Tébelin.
14. Elle raconte l'histoire de la trahison de Fernand.
15. Mais elle ne peut pas prouver son accusation.
16. La Chambre déclare M. de Morcef innocent.
17. En rentrant chez lui, M. de Morcef trouve une lettre de sa femme.
18. Le comte de Monte-Cristo révèle son identité à M. de Morcef.
19. M. de Morcef rentre chez lui et son fils le tue.
20. Quand il apprend la mort de Fernand, Monte-Cristo dit: un.

CHAPTER XVII

I. Idiomatic Expressions

Study the following expressions:

un homme comme vous   a man like you
comme il ne parle pas   as he does not speak

comme procureur   as the attorney
comme perdu   as if lost
Comme Dieu me punit!   How God punishes me!

un cas très rare   a rare case
en ce cas   in that case
en cas de   in case of
en tout cas   in any case

Note the difference between:

vous savez sans doute   you doubtless know
vous ne savez sans doute pas   you probably do not know

II. Word Study

The following words are related to each other; can you guess the meaning of those which you do not know?

prudent, prudemment, la prudence, l'imprudence, imprudemment
accuser, l'accusé, l'accusateur, l'accusation
imaginer, l'imagination, imaginable, inimaginable
admirer, admirable, admirablement, un admirateur, l'admiration

III. Verbs

In some persons of the present indicative the **y** changes into **i** or vice versa. Note the following:

envoyer	payer	croire	voir
j' envoie	je paie	je crois	je vois
tu envoies	tu paies	tu crois	tu vois
il envoie	il paie	il croit	il voit
nous envoyons	nous payons	nous croyons	nous voyons
vous envoyez	vous payez	vous croyez	vous voyez
ils envoient	ils paient	ils croient	ils voient

IV. Comprehension Test

Of the three choices given with each statement, choose the one which best completes it according to the story:

1. Les gens parlent beaucoup (1) de la ruine du procureur du roi (2) des morts soudaines dans la famille de M. de Villefort (3) du mariage de Mlle de Villefort.
2. La mort des Saint-Méran laisse Valentine (1) sans parents (2) très riche (3) sans fortune.
3. Madame de Villefort (1) est bonne et charmante (2) n'aime pas Monte-Cristo (3) déteste Valentine.

4. Valentine (1) déteste son frère (2) aime Maximilien Morel (3) est la fiancée de Château-Renaud.
5. La limonade a été préparée par (1) Barois (2) M. Noirtier (3) Mme de Villefort.
6. Maximilien vient trouver le comte de Monte-Cristo parce qu' (1) il est troublé (2) il a besoin d'argent (3) il est heureux.
7. Le médecin appelé par M. de Villefort (1) est très stupide (2) croit qu'on a empoisonné les Saint-Méran (3) n'a pas de soupçons
8. L'opinion du comte est que (1) Dieu a condamné cette famille (2) les soupçons de Maximilien ne sont pas justifiés (3) toutes ces morts sont une coïncidence.
9. Quand Maximilien révèle au comte qu'il aime Valentine, celui-ci est (1) jaloux (2) heureux (3) frappé d'horreur.
10. Le comte sait que ces morts ont été causées par (1) l'empoisonnement (2) une attaque d'apoplexie (3) une épidémie.
11. Il croit que la prochaine victime sera (will be) probablement (1) Valentine (2) M. Noirtier (3) Édouard.
12. Pour sauver Valentine, le comte (1) envoie un élixir au grand-père (2) fait arrêter Mme de Villefort (3) enlève Valentine.
13. Le comte va demeurer près des Villefort (1) pour connaître Mme de Villefort (2) pour sauver M. Noirtier (3) pour protéger Valentine.

CHAPTER XVIII

I. IDIOMATIC EXPRESSIONS

Note the difference in meaning between:

Il fait chaud.   It is hot, warm (of the weather).
La soupe est chaude.   The soup is hot, warm (of a thing).
avoir chaud   to be warm (of people)

servir   to serve
se servir de   to use

Il se voit **tel qu'il est.**   He sees himself *as he is.*
un homme **tel que lui**   a man *such as he*
un tel homme!   *such a* man!

II. WORD STUDY

The following words are synonyms:

Il devient **fort** pâle.   He turns *very* pale.
Je suis **bien** stupide.   I am *very* stupid.
Il est **très** aimable.   He is *very* affable.
L'île est **toute** petite.   The island is *very* small.

Related words: The following words are related to each other. Can you guess the meaning of those which you do not know?

> connaître, la connaissance, reconnaître, connu, inconnu
> personne, personnel, la personnalité, le personnel, personnifier
> ouvrir, une ouvreuse, une ouverture, ouvert, rouvrir

III. VERBS

Four verbs ending in **-ir** are conjugated as if their endings were **-er.** They also have a special form for their past participles. They are:

ouvrir: j'ouvre, tu ouvres, il ouvre, nous ouvrons, vous ouvrez, ils ouvrent (J'ai ouvert)

offrir: j'offre, tu offres, il offre, nous offrons, vous offrez, ils offrent (J'ai offert)

souffrir: je souffre, tu souffres, il souffre, nous souffrons, vous souffrez, ils souffrent (J'ai souffert)

couvrir: (to cover) je couvre, tu couvres, il couvre, nous couvrons, vous couvrez, ils couvrent (J'ai couvert)

IV. COMPREHENSION TEST

Tell whether the following statements are true or false according to the story:

1. Le docteur Busoni est un grand ami de M. de Villefort.
2. Un soir, un domestique de M. Noirtier vient le chercher.
3. Il lui dit que Valentine de Villefort est morte.
4. Le médecin dit à M. de Villefort que Valentine a été empoisonnée.
5. C'est M. de Villefort qui a empoisonné sa fille.
6. Dr. Busoni accuse M. de Villefort de complicité.
7. M. de Villefort répond qu'il a averti la police.
8. Le procureur est pétrifié à l'idée du scandale qui va le ruiner.
9. Pour empêcher le médecin de le dénoncer, il l'empoisonne.
10. Puis il envoie sa femme chercher la police.
11. Madame de Villefort refuse d'aller au secours de Valentine.
12. M. de Villefort accuse sa femme d'avoir empoisonné Valentine.
13. Il lui commande durement de se suicider.
14. Mme de Villefort se jette à ses genoux et lui demande grâce.
15. Touché par ses prières, de Villefort pardonne à sa femme.
16. Il va ensuite dans la chambre de Valentine.
17. Le grand-père l'accuse d'avoir empoisonné Valentine.
18. Valentine est morte et son grand-père a beaucoup de chagrin.
19. Le procureur comprend qu'il est puni pour ses crimes.
20. Il veut aller demander pardon à sa femme.

21. Il frappe à la porte et Mme de Villefort vient lui ouvrir.
22. Mme de Villefort pardonne à son mari et tous deux quittent Paris.
23. M. de Villefort veut savoir qui est en réalité le Dr. Busoni.
24. Tout à coup, il reconnaît Edmond Dantès.
25. Le choc est si terrible que le procureur tombe mort.

CHAPTER XIX

I. IDIOMATIC EXPRESSIONS

Study carefully the following expressions:

Qu'est-ce que cela fait?   What does it matter?
Qu'est-ce que cela vous fait?   What does it matter to you?
Qu'est-ce qu'il fait?   What does he do?

Il le regarde **avec soin.**   He looks at it *carefully.*
Il **a soin de** le cacher.   He *is careful to* hide it.
Il **prend soin de** Valentine.   He *takes care of* Valentine.

II. WORD STUDY

The following words and expressions have the same meaning:

Il y va **vers** deux heures.   He goes there *around* (*about*) 2 o'clock.
Il passe **environ** deux heures.   He spends *around* (*about*) two hours.
Il dépense **près de** deux millions.   He spends *around* (*about*) two millions.

The following words are related to each other. Can you guess the meaning of those which you do not know?

gouverner, le gouverneur, le gouvernement, gouvernemental
courage, courageux, encourager, décourager, le découragement
place, placer, le placement, déplacer, remplacer, un remplaçant

III. VERBS

By this time, you have come upon quite a few verbs used in the past indefinite. This tense is used more frequently in French than it is in English, and for that reason it is often best translated in English by the simple past. Since this tense is formed with the use of the auxiliary *to have* or *to be* plus the *past participle*, it is the latter which you have to recognize. Some of these past participles are easy to identify because they either look like the infinitive (**dormir, il a dormi**) or like some form of the present indicative (**il fait, il a fait**). Some retain a good part of the stem (**il a aperçu, il a disparu**). But a few of them are very difficult to recognize because they are made of two or three letters only. Among them, you have already seen:

il a eu	he has had	*or*	he had
il a été	he has been	*or*	he was
il a vu	he has seen	*or*	he saw
il a bu	he has drunk	*or*	he drank

Here are a few others:

(lire)	**il a lu**	he has read, he read
(savoir)	**il a su**	he has known, he knew
(devoir)	**il a dû**	he had to
(pouvoir)	**il a pu**	he has been able, he was able
(rire)	**il a ri**	he has laughed, he laughed
(croire)	**il a cru**	he has believed, he believed
(mettre)	**il a mis**	he has put, he put

IV. Comprehension Test

Tell whether the following statements are true or false according to the story:

1. Depuis quelque temps M. Danglars perd beaucoup d'argent.
2. Monte-Cristo, au contraire, gagne beaucoup d'argent.
3. Danglars demande de l'argent à Monte-Cristo pour faire une spéculation.
4. Le comte dit qu'il va acheter des bons du gouvernement français.
5. Danglars risque tout son argent dans une spéculation.
6. Le comte de Monte-Cristo va faire un voyage en Italie.
7. Le comte semble chercher quelque chose dans la campagne.
8. Il s'arrête devant un poste télégraphique.
9. Il demande la permission d'envoyer un télégramme à Danglars.
10. Pour télégraphier, l'agent répète les signaux que son voisin lui fait.
11. Monte-Cristo offre de l'argent à l'employé pour envoyer un télégramme.
12. L'agent refuse et veut appeler un agent de police.
13. L'agent va en Normandie avec le comte de Monte-Cristo.
14. Un faux télégramme annonce que Don Carlos est rentré en Espagne (Spain).
15. La nouvelle cause une panique et Danglars est ruiné.
16. Danglars prend tout l'argent de Monte-Cristo et va en Italie.
17. Un détective de Monte-Cristo suit Danglars partout où il va.
18. Le comte fait arrêter Danglars par la police.
19. Danglars revient en France, ruiné et déshonoré.
20. Il sait que c'est Edmond Dantès qui a causé sa ruine.

CHAPTER XX

I. IDIOMATIC EXPRESSIONS

Study the following expressions:

> Maintenant il a **moins d'**argent   (*less*).
> C'est lui qui a **le moins d'**argent   (*the less*).
> **Au moins** j'ai fait son bonheur   (*at least*).
> **Du moins** j'ai cette consolation   (*at least, at any rate*).
> **la moindre** indication   (*the least*)
>
> Calcutta est **loin** de Marseille   (*far*).
> Il voit un bateau **au loin**   (*far, far away*).
> Il les suit **de loin**   (*at a distance*).
> N'allez pas **plus loin**   (*farther*).

II. WORD STUDY

Note the differences in meaning between:

> **il attend**   he is waiting
> **il s'attend à**   he expects
> **il attend de**   he expects from

Related words: The following words are related to each other. Can you guess the meaning of those which you do not know?

> passer, le passage, le passant, le passeport, le passé
> habiter, l'habitant, l'habitation, habitable, inhabité
> mort, le mort, mortel, mortalité, mortuaire

III. COMPREHENSION TEST

Of the three choices given with each statement, choose the one which best completes it according to the story:

1. Monte-Cristo veut (1) quitter Paris (2) donner une belle réception (3) aller demeurer en Normandie.
2. On parle beaucoup dans Paris (1) du voyage mystérieux de Monte Cristo (2) des malheurs qui ont frappé trois familles (3) du retour de Don Carlos en Espagne (Spain).
3. Les gens regardent maintenant Monte-Cristo (1) avec admiration (2) avec affection (3) avec appréhension.
4. Valentine de Villefort (1) vient d'annoncer son mariage (2) est entrée à l'hôpital (3) va faire un voyage avec Monte-Cristo.

5. La ville de Paris est (1) dans l'obscurité (2) vaste comme la mer (3) invisible dans la nuit.
6. En quittant Paris, Monte-Cristo se dirige vers (1) Alger (2) Gênes (3) Marseille.
7. Monte-Cristo aperçoit Albert de Morcef (1) sur un bateau (2) dans une voiture (3) dans un café.
8. Albert est devenu (1) riche (2) général (3) simple soldat.
9. Mercédès est pauvre parce que (1) son mari est fort ruiné (2) la police a confisqué sa fortune (3) elle a donné son argent aux pauvres.
10. Mercédès demeure maintenant à (1) Marseille (2) Paris (3) Alger.
11. Monte-Cristo (1) a abandonné Mercédès et son fils (2) les protège de loin (3) leur envoie de l'argent.
12. Mercédès pleure parce que (1) son fils vient de la quitter (2) son mari est mort (3) elle est ruinée.
13. Mercédès pense que tous ses malheurs viennent de (1) Monte-Cristo (2) sa trahison d'Edmond (3) la trahison de son mari.
14. Le comte regrette maintenant (1) de se séparer de Mercédès (2) d'avoir pardonné trop facilement (3) de s'être vengé trop cruellement.
15. Il veut maintenant (1) donner son argent aux pauvres (2) sauver Danglars (3) se faire soldat.

CHAPTER XXI

I. IDIOMATIC EXPRESSIONS

Study the following expressions:

Il est **tard.**   It is *late* (late hour).
Il est **trop tard.**   It is *too late* (to do something).
Il est **en retard.**   He is *late* (on the appointed time).

c'est-à-dire   that is to say
cela veut dire   that means . . .
Que veut dire ce mot?   What does that word mean?
Que voulez-vous dire ?   What do you mean?

II. WORD STUDY

The following words are related to each other. Can you guess the meaning of those which you do not know?

part, le partage, partager, une partie, partiellement
triste, la tristesse, tristement, attrister
construire, le constructeur, la construction, reconstruire, la reconstruction

III. Comprehension Test

Tell whether the following statements are true or false according to the story:

1. Le baron Danglars s'est dirigé vers l'Italie.
2. Il est impatient d'arriver à Rome.
3. Il ne peut pas dormir parce que sa conscience n'est pas tranquille.
4. Un agent de la banque Thomson demande à parler à Danglars.
5. Peppino offre de servir de guide à Danglars.
6. Danglars, qui reconnaît le bandit, refuse ses services.
7. A la banque, on refuse de donner de l'argent à Danglars.
8. Danglars veut partir pour Venise après le déjeuner.
9. Mais il est impossible de trouver une voiture.
10. A cause d'un accident, on doit s'arrêter en route.
11. Sur la route, une troupe d'hommes arrête la voiture de Danglars.
12. C'est la police de Rome qui vient arrêter Danglars.
13. Les bandits demandent tout l'argent que Danglars a sur lui.
14. Danglars croit que les bandits vont le reconduire en France.
15. Le lendemain matin, Danglars a très faim.
16. Il peut commander tout ce qu'il veut pour déjeuner.
17. Mais le déjeuner coûte cent mille francs.
18. Danglars ne peut pas payer parce qu'il n'a pas d'argent.
19. Danglars, torturé par la faim, demande un morceau de pain.
20. Le morceau de pain coûte aussi cher que le poulet.
21. Chaque dîner va coûter cent mille francs à Danglars.
22. Le malheureux calcule qu'il peut vivre deux mois.
23. Le jour arrive où Danglars n'a plus que cent mille francs.
24. Les bandits ont pitié de lui et le mettent en liberté.
25. Monte-Cristo arrive et pardonne à Danglars.

KEY TO THE COMPREHENSION TESTS

CHAPTER I	1. (1)	3. (2)	5. (2)	7. (3)	
	2. (3)	4. (3)	6. (1)	8. (1)	

CHAPTER II	1. true	4. false	7. false	10. true	13. false
	2. true	5. false	8. true	11. true	14. true
	3. true	6. false	9. false	12. false	15. true

CHAPTER III	1. (1)	3. (3)	5. (2)	7. (1)	9. (1)
	2. (1)	4. (2)	6. (3)	8. (2)	10. (2)

CHAPTER IV	1. false	4. true	7. false	10. false	13. true
	2. true	5. true	8. true	11. false	
	3. true	6. false	9. false	12. true	

CHAPTER V	1. true	5. false	9. true	13. false	17. true
	2. false	6. false	10. true	14. true	18. true
	3. true	7. false	11. true	15. true	
	4. true	8. true	12. true	16. true	

CHAPTER VI	1. (3)	4. (2)	7. (2)	10. (1)	13. (2)
	2. (1)	5. (3)	8. (2)	11. (3)	14. (1)
	3. (2)	6. (1)	9. (1)	12. (3)	15. (3)

CHAPTER VII	1. false	5. false	9. true	13. false	17. true
	2. false	6. true	10. false	14. true	18. true
	3. false	7. true	11. false	15. true	
	4. false	8. true	12. false	16. true	

CHAPTER VIII	1. true	5. false	9. true	13. true	17. false
	2. false	6. true	10. true	14. true	18. true
	3. true	7. true	11. true	15. false	
	4. false	8. false	12. true	16. true	

CHAPTER IX	1. (1)	4. (3)	7. (2)	10. (1)	
	2. (3)	5. (1)	8. (1)	11. (1)	
	3. (2)	6. (2)	9. (3)	12. (3)	

CHAPTER X	1. false	5. false	9. false	13. false	17. true
	2. true	6. true	10. true	14. false	18. true
	3. false	7. true	11. true	15. false	19. true
	4. false	8. true	12. true	16. false	20. true

CHAPTER XI

1. false	5. false	9. true	13. true	17. false
2. false	6. false	10. true	14. true	18. true
3. true	7. true	11. true	15. false	19. true
4. true	8. true	12. true	16. false	20. false

CHAPTER XII

1. false	5. true	9. true	13. true	17. false
2. true	6. true	10. true	14. false	18. false
3. false	7. false	11. false	15. true	19. false
4. false	8. true	12. false	16. true	20. true

CHAPTER XIII

1. true	4. false	7. false	10. false	13. false
2. false	5. false	8. true	11. true	14. true
3. true	6. true	9. true	12. true	15. false

CHAPTER XIV

1. (2)	4. (1)	7. (3)	10. (2)	13. (3)
2. (3)	5. (1)	8. (1)	11. (1)	14. (1)
3. (3)	6. (2)	9. (2)	12. (1)	15. (2)

CHAPTER XV

1. true	5. false	9. true	13. false	17. true
2. true	6. false	10. false	14. true	18. false
3. true	7. true	11. true	15. true	19. false
4. false	8. true	12. false	16. true	20. false

CHAPTER XVI

1. false	5. true	9. true	13. true	17. true
2. true	6. true	10. true	14. true	18. true
3. false	7. true	11. true	15. false	19. false
4. true	8. false	12. false	16. false	20. true

CHAPTER XVII

1. (2)	5. (3)	8. (1)	11. (1)
2. (2)	6. (1)	9. (3)	12. (1)
3. (3)	7. (2)	10. (1)	13. (3)
4. (2)			

CHAPTER XVIII

1. false	6. true	11. false	16. false	21. false
2. true	7. false	12. true	17. false	22. false
3. false	8. true	13. true	18. false	23. true
4. true	9. false	14. true	19. true	24. true
5. false	10. false	15. false	20. true	25. false

CHAPTER XIX

1. true	5. true	9. false	13. true	17. true
2. true	6. false	10. true	14. true	18. false
3. false	7. true	11. true	15. true	19. false
4. false	8. true	12. false	16. false	20. false

CHAPTER XX

1. (1)	4. (1)	7. (1)	10. (1)	13. (2)
2. (2)	5. (2)	8. (3)	11. (2)	14. (3)
3. (3)	6. (3)	9. (3)	12. (1)	15. (2)

CHAPTER XXI

1. true	6. false	11. true	16. true	21. true
2. true	7. false	12. false	17. true	22. true
3. false	8. true	13. false	18. false	23. true
4. false	9. false	14. false	19. true	24. false
5. true	10. true	15. true	20. true	25. true

GENERAL VOCABULARY

Words and expressions marked with an asterisk (*) are translated in the text.

A

à to, at, for, with, in, by, from, of

il a he has; **il y a** there is, there are; **il y a (un an)** (one year) ago; **il y a longtemps** a long time ago

abandonner to abandon, give up

un abbé abbé

abject abject

une abnégation abnegation

abominable abominable

d' abord at first

abrupt abrupt

une absence absence

absent absent

absolu absolute

absolument absolutely

absorbé absorbed

absurde absurd

un accent accent

accepter to accept

un *accès a fit

un accident accident

accompagner to accompany

accorder to grant

accueillir to receive, welcome

accumuler to accumulate

une accusation accusation

accuser to accuse

un accusé accused person

acheter to buy; **tout s'achète** everything can be bought

achever to finish, complete

un acte act; *— **de naissance** birth certificate; *— **de vente** bill of sale

une action action, act

une activité activity

actuel, actuelle actual, present

un adieu farewell

administrer to administer

admirable admirable

admirablement admirably

une admiration admiration

admirer to admire

une adresse address

adresser to address

s' adresser à to speak to, address

un adversaire adversary

l' adversité adversity

affable affable

une affaire affair

les *affaires affairs, business

affecté affected

affecter to affect

une affection affection

affirmer to affirm

un âge age; **quel — a** how old is

un agent agent; **— de police** policeman

agile agile

agilement with agility

l' agilité agility

une agitation agitation

agiter to agitate, disturb

une agonie death agony, agony

agréable agreeable, pleasant

j' ai I have

une aide aid, help

aider to aid, help

aimable kind, amiable

il aimait he loved

aimer to like, love

ainsi thus, *so, therefore; **— donc** so

un air air, look, manner; **avoir l' —**

to look, seem; **d'un —** with a look, with an air

ajouter to add

une **alarme** alarm

alarmer to alarm

Alexandrie Alexandria

L' **Algérie** Algeria

aller to go; **— chercher** to go for, fetch; **— trouver** to go to (a person); **— se coucher** to go to bed; ***— de l'avant** to go ahead; **— +** *inf.* going to + *inf.*

allé gone; **être —** to have gone

une **alliance** alliance

nous **allons** we go, are going (to)

allons! let us go! come! come now!

allumer to light

alors then

amasser to amass

ambitieux, ambitieuse ambitious

une **ambition** ambition

amener to bring

amer bitter

un **ami, une amie** friend

une **amitié** friendship

un **amour** love

amuser to amuse

amusant amusing

un **an** year; **avoir (six) ans** to be (six) years old

anglais English

un **Anglais** Englishman

un **angle** angle, corner

une ***angoisse** anguish

un **animal** (*pl.* **animaux**) animal

une **animation** animation

animé animated, lively

une **année** year

annoncer to announce

une **antichambre** antichamber

un **antidote** antidote

une **anxiété** anxiety

anxieux, anxieuse anxious

une **apathie** apathy

apercevoir to see

s' **apercevoir** to notice

il **aperçoit** he sees

il s' **aperçoit** he notices

une **apoplexie** apoplexy

une **apparence** appearance

une **apparition** apparition

un **appartement** apartment

les **appartements** set of rooms, living quarters

il **appartient** it belongs

il s' **appelait** he was called

appeler to call

s' **appeler** to be named, be called

un **appétit** appetite

apporter to bring

une **appréhension** apprehension

en **apprenant** on learning

il **apprend** he learns

apprendre to learn, teach

approcher to draw near

s' **approcher** to approach, come near

approuver to approve

approximativement approximately

après after

un **après-midi** afternoon

une **aptitude** aptitude

ardent ardent

une **ardeur** ardor

l' **argent** money

un **aristocrate** aristocrat

aristocratique aristocratic

un ***armateur** ship owner

une **arme** arm

une **armée** army

un **arome** aroma

un **arrangement** arrangement

arranger to arrange

arrêter to arrest

s' **arrêter** to stop

en **arrière** behind

arrivé arrived; **être —** to have arrived

l' **arrivée** arrival
arriver to arrive
arrogant arrogant
l' **arsenic** arsenic
un **article** article
articuler articulate
tu **as** you have
l' **Asie** Asia
un **aspect** aspect
un **assassin** assassin
assez enough, rather
assister to assist; **— à** to be present
assumer to assume
une **assurance** assurance
assuré assured, full of confidence; **mal —** unsteady
assurer to assure
s' **assurer** to make sure of
attacher to attach
une **attaque** attack; **— cardiaque** heart attack
attaquer to attack
en **attendant** meanwhile
attendre to wait, wait for; **— de** to expect from
s' **attendre à** to expect
attentif attentive
(l') **attention** attention; **faire —** pay attention
attentivement attentively
attester to attest
une **attitude** attitude
attribuer to attribute
au to the, at the, in the, with
aucun, aucune any, not any, no
l' **audace** audacity
audacieux, audacieuse audacious, bold
aujourd'hui today
auprès near, with
auquel, auxquels to which, at which
j' ***aurai** I shall have
nous ***aurons** we shall have
aussi also, as, so, therefore;

— ... que as ... as; **— bien que** as well as
aussitôt at once, immediately; **— que** as soon as
austère austere
un ***auteur** author
l' **authenticité** authenticity
une **autopsie** autopsy
les **autorités** authorities, magistrates
autour around
autre other; **un —** another; **tout —** any other; **un tout — homme** quite another man; **quelqu'un d'autre** someone else
autrefois formerly, *long ago
aux to the, at the, in the, with
j' **avais** I had; **il avait** he had; **ils avaient** they had
une **avalanche** avalanche
*avaler to swallow
avancer to advance; **d'avance** in advance; **en avance** early
s' **avancer** to go forward
avant before; ***aller de l' —** go straight ahead; **— de + inf.,** before + pres. part.; i.e., **— de venir** before coming
un **avantage** advantage
avantageux, avantageuse advantageous
avec with
un **avenir** future
une **aventure** adventure
avertir to warn, notify
vous **avez** you have; **qu'est-ce que —?** what is the matter with you?
avide avid
avoir to have; **— l'air** to look, seem; **— (six) ans** to be (six) years old; **— besoin de** to need; **— chaud** to be warm; **— confiance** to trust; **— faim** to be hungry; **— lieu** to take

place; — **peur** to be afraid;
— **pitié** to have mercy;
— **raison** to be right; — **à +**
inf., to have to + *inf.*

nous avons we have
    ***avouer** to confess
    ***ayez** have

B

  bah! *interjection*
une baie bay
    ***baisser** to lower
un bal ball
    ***balancer** to swing
    ***balbutier** to stammer
un bandit bandit
(une) banque bank; **en —** in the
    bank
(une) *banqueroute bankrupt (person);
    ***faire —** to go bankrupt
un banquier banker
la *barbe beard
un baron, une baronne baron,
    baroness
une barre bar; ***— de fer** iron bar
    bas, basse low; **tout bas** very
    low; **à voix basse** in a low
    voice; **la tête basse** with
    lowered head
une base base
un bateau (*pl.* **bateaux**) boat
    battre to beat, strike
se battre to fight
    beau (*pl.* **beaux**) beautiful, fine,
    handsome
    beaucoup very much; **— de** a
    lot of, many, a great deal of
la beauté beauty
    bel, belle beautiful, fine, hand-
    some
(un) besoin need; **avoir — de** to
    need
une *bibliothèque library
    bien well, very; **— du** a lot of;
    — des many; **c'est —** all

right; **eh —!** well!; ***fort —**
very well; **vouloir —** to be
willing; **c'est — sa signature**
it is indeed his signature
bientôt soon
***bienvenu** welcome
un billet a bill, IOU, note
blâmer to blame
blanc, blanche white
un blasphème blasphemy
blasphémer to blaspheme
un *blason coat of arms
bleu blue
blond, blonde blond(e)
bon, bonne good; ***c'est bon!**
all right, never mind!; **de**
bonne heure early; ***à la**
bonne heure! good!
les bons the righteous ones, good
people
bon a bond; ***— au porteur**
payable to the bearer, money
order, ***bank draft, cashier's check
un bonapartiste partisan of
Napoleon
le bonheur happiness
bonjour good day, good morning,
how do you do
bonsoir good evening
(le) bord board; **à —** on board
un *boulet cannon ball
la *Bourse Stock Exchange
(un) bout tip, end; **au — de** at the
end of
un bras arm
brave brave (before a noun:
good, worthy)
un breuvage beverage
brillant brilliant
briser to break
bronzé bronzed
(le) bruit noise; ***avec —** noisily
brusquement brusquely,
roughly, hastily, suddenly
brutal brutal
brutalement brutally

bu drank; **il a —** he drank
un **bureau** office, desk

C

une **cabine** cabin
cacher to hide
un **cachot** prison cell, dungeon
un **cadavre** cadaver, corpse
un **café** café
une **cage** cage
calculer to calculate
calme calm
calmer to calm, quiet
la **calomnie** calumny, slander, libel
calomnier to calumniate
un **camarade** comrade
un **camp** camp
la **campagne** countryside
un **canon** cannon, big gun
un ***canot** rowboat
un **cap** cape
capable capable
un **capitaine** captain
le **capital** (*pl.* **capitaux**) assets,
   capital, funds
la **capitale** capital, chief town
une **captive** captive
captiver to captivate, charm
la **captivité** captivity
capturer to capture
car for, inasmuch as
le **caractère** character
cardiaque cardiac; **attaque —**
   heart attack
un **cardinal** cardinal
caressant caressing
le **carnaval** carnival
(une) **carte** card; **une — de visite**
   calling card; **à la —** à la carte
(un) **cas** case; **en tout —** in any case
une **cascade** cascade
***casser** to break
se ***casser** to get broken, break
   down
les **catacombes** catacombs

cataloguer to catalog
une **catastrophe** catastrophe
(une) **cause** cause; **à — de** on
   account of
causer to cause
la **cavalerie** cavalry
une **caverne** cavern
ce this, that, it; **— que, — qui**
   that which, what
ceci this
cela that; **c'est —** that's it
celle-ci, celle-là this one, that
   one, the latter; **celle que, celle
   qui** the one; **celle-là même**
   the very one
celui-ci, celui-là this one, that
   one, the latter; **celui qui,
   celui que** the one which
cent hundred, one hundred
une **centaine** around a hundred
le **centième** hundredth
le **centre** center
cependant however, meanwhile,
   yet
une **cérémonie** ceremony
cérémonieusement
   ceremoniously
cérémonieux, cérémonieuse
   ceremonious
certain certain, sure
certainement certainly
certifier to certify
ces these, those
cet, cette this, that
ceux-ci, ceux-là these (ones),
   those (ones), the latter; **ceux
   qui, ceux que,** the ones which
chacun, chacune each, each one,
   every one
le **chagrin** grief, sorrow
chagrin chagrin, morose, surly
une **chaise** chair; **— de poste**
   postchaise
une **chambre** chamber, room
la ***Chambre des Pairs** from 1814
   to 1848, one of the two legislative

houses, the members of which
were called Pairs (Peers of the
Realm)
une **chance** chance
*chanceler to stagger
la ***chandelle** candle
changer to change
chaque each, every
charger to charge; **chargé de**
in charge of, entrusted with
la **charité** charity
charmant charming
le **charme** charm
charmer to charm
un **château** château, castle, fortress
un **châtiment** chastisement,
punishment
chaud hot, warm; **avoir —** to
be warm; **il fait —** it is warm
un **chèque** check
cher, chère dear, expensive
chercher to look for, hunt,
seek; **envoyer —** to send for;
aller — to fetch; **venir —** to
come for; **— fortune** to seek
one's fortune
chercher à to try to
un **cheval** (*pl.* **chevaux**) horse
les **cheveux** hair
chez at the house of, *among;
— lui, — moi at home;
*— qui in whom
la ***chimie** chemistry
un **chimiste** chemist
un **choc** shock
(une) **chose** thing; **quelque —**
something
cinq five
une **circonstance** circumstance
circuler to circulate
les ***ciseaux** scissors
une **citadelle** citadel
un **client** client, patron
(une) ***cloche** bell; ***un son de —** the
ringing of a bell
un **coffre** coffer

(le) **cœur** heart, soul; ***le — serré**
with a heavy heart; **de bon —**
heartily
une **coïncidence** coincidence
un **collègue** colleague
*coller to stick
une **colline** hill
un **combat** combat, duel, fight
combien how many, how much;
— de temps how long; **c'est**
—? how much?
une **comédie** comedy
un **comité** committee
le **commandement** command
commander to command,
order
comme as, like, as if, as the,
how!
commencer to commence,
begin
comment how, in what way;
— cela? how's that?
comment! what!
un **commentaire** comment
le **commerce** commerce, trade
commercial commercial
*commis committed; **il a —**
he has committed
une **communication** communication
communiquer to communicate
la **compagnie** company
un **compagnon** companion
la **compassion** compassion
compenser to compensate
complet complete
complètement completely
un **complice** accomplice
un **compliment** compliment
il **comprend** he understands
comprendre to understand
vous **comprenez** you understand
ils **comprennent** they understand
compromis compromised
compter to count
un **comte** count
une **comtesse** countess

concerner to concern
une concession concession
une condamnation condemnation
condamner to condemn
la condition condition
conduire to conduct, lead, guide, accompany, escort, steer; — devant to take to (a person)
vous conduisez you lead, guide, escort *etc.*; conduisez-le take him
il conduit he leads, escorts, guides
un conducteur conductor, driver
(la) confiance confidence, trust; avoir — to trust
confidentiel confidential
confier to confide, entrust (to, with)
confortablement comfortably
confronter to confront
confus confused
je connais I know
vous connaissez you know
connaître to know
la conscience conscience
un conseil advice
consentir to consent, agree
une conséquence consequence
considérable considerable
la considération consideration
consister to consist
la consolation consolation
consoler to console, comfort
un conspirateur conspirator
une conspiration conspiracy
constamment constantly
constant constant
la consternation consternation
*consterné dismayed, struck with consternation
la constitution constitution
un *constructeur constructor, ship builder
construire to construct, build
il construit he builds

consulter to consult
contempler to contemplate
la contemplation contemplation
contenir to contain
se contenter to be content
continuer to continue, go on
contracter to contract
(le) contraire contrary; au — on the contrary
contre against
la contrebande contraband
un contrebandier smuggler
contribuer to contribute
la conversation conversation
convoquer to convoke
convulsé convulsed, distorted
convulsif convulsive
la convulsion convulsion
cordialement cordially
corpulent corpulent
correct correct
un correspondant correspondent
un corridor corridor
un cosmopolite cosmopolite
un costume costume
(le) côté side, direction; de ce — in that direction, this way; à — beside; d'un — on one side; de quel —? which way?
couché lying down, gone to bed
(se) coucher to lie down, go to bed; aller — to go to bed
(un) coup blow; tout à — suddenly; un *— de revolver shot; un —, deux — once, twice
coupable guilty
couper to cut
le courage courage
le cousin, la cousine cousin
un *couteau knife
coûter to cost; coûte que coûte at any cost
une créature creature
le crédit credit
creuser to dig

un cri cry, shout; **pousser —** to utter a cry
crier to cry, shout, call out
un crime crime
un criminel, une criminelle criminal
ils croient they think, believe
croire to believe, think
je crois I believe, think
(vous) croyez you think, believe; **— bien** please believe
cruel, cruelle cruel
cruellement cruelly
la culpabilité culpability, guilt
la culture culture
les curieux sightseers
curieux, curieuse curious
la curiosité curiosity

D

une dame lady
un danger danger
dangereux, dangereuse dangerous
dans in, within, into
une date date
dater to date
de of, from, to, with, in, for, some, any; **d'un air** with an air; **plus —** more than; **— ce côté** in that direction; **— l'autre côté** on the other side
le débat debate
debout standing
décider to decide; **— de, se — à** to decide
décidément decidedly
une décision decision
déclarer to declare
déconcerté disconcerted
décorer to decorate
décourager to discourage
découvert discovered
se découvre becomes visible, unfolds

décupler to decuple
défendre to defend, protect, forbid
la défense defence
la déférence deference
dehors out, outside; **au —** outside; **l'air du —** outside air
déjà already
déjeuner to lunch *or* breakfast
le déjeuner lunch *or* breakfast
le délai delay
la délibération deliberation
délicat delicate
délicatement delicately
délicieux, délicieuse delicious, delightful
délivrer to deliver
demain tomorrow
demander to ask, ask for; **je vous demande pardon** I beg your pardon
se demander to wonder
demeurer to live, reside, remain
un démon demon
dénoncer to denounce
la dénonciation denunciation
le départ departure
dépenser to spend
déplacer to displace
un *dépôt deposit
depuis for, since, since then; **il est ici — (trois) jours** he has been here for (three) days; **— longtemps** for a long time; **— quand?** since when? **— que** since
le dernier, la dernière the last
derrière behind
des of the, from the, some, any; **bien —** many
un désastre disaster
descendre to come down, go down, alight
un descendant descendant
désert deserted, unfrequented

le **désespoir** despair
le **déshonneur** dishonor
  déshonorer to dishonor
un **désir** desire
  désirer to desire, wish
la **désolation** desolation
  désolé sorry, grieved, distressed
le **désordre** disorder
  désormais from now on
  desquels, desquelles of which, from which
une **destination** destination
la **destinée** destiny
  destiner to destine
  détacher to detach
un **détail** detail
un **détective** detective
  détester to detest
le **détriment** detriment
une **dette** debt
  deux two; **tous (les) —** both
  deuxième second
  devant in front of, before; **conduire —** to take to (a person)
  développer to develop
  devenir to become
  devenu become; **il est —** he has become; **qu'est-il —?** what has become of him?
vous **devez** you must, owe, ought to, have to
il **devient** he becomes
  devoir to owe, be obliged, be bound; (*followed by inf.*) must, ought, should, have to
nous **devons** we must, owe, have to
  dévorer to devour, eat up
  diabolique diabolical
un **diamant** diamond
  Dieu God; ***si — le veut** God willing
la **différence** difference
  différent different

  difficile difficult
la **difficulté** difficulty
la **dignité** dignity
le **dîner** dinner
  dîner to dine
  dire to say, tell; **c'est-à- —** that is to say; **vouloir —** to mean
  direct direct
  directement directly
le **directeur** director, president (of a bank), manager
la **direction** direction
  diriger to direct, steer, manage
se **diriger vers** to go toward
un **discours** discourse, speech
  discret discreet
  discrètement discreetly
la **discussion** discussion
ils **disent** they say, tell
  disparaître to disappear, vanish
il **disparaît** he disappears
la **disparition** disparition
  disparu disappeared
se **disperser** to disperse
la **disposition** disposition, disposal
la **dissimulation** dissimulation
  dissimuler to dissemble, conceal
(la) **distance** distance; **à —** from a distance; **de — en —** at intervals
  distinct distinct
  distinctement distinctly
(la) **distinction** distinction; **une personne de —** a well-bred person
les **distinctions** honors
  ***distingué** distinguished
une **distraction** distraction
  distribuer to distribute
il **dit** he says, tells
vous **dites** you say, tell; **dites-moi** tell me
  dix ten; **—-neuf** nineteen
un **docteur** doctor, physician

un **document**   document
je **dois**   I owe, am obliged, must;
    (*with inf.*) I must, am to,
    have to, ought to
il **doit**   he must, owes, has to, is to;
    * **— y avoir**   there must be
le **dôme**   dome
un **domestique**   domestic, man-
    servant
    donc   then, therefore (*when used
    for emphasis, it is variously
    expressed in Eng. or omitted
    altogether*)
    donner   to give
    dont   whose, of whom, of which
vous **dormez**   you sleep; **dormez**
    sleep
    dormi   slept
    dormir   to sleep, be asleep
il **dort**   he sleeps, is sleeping
une **dose**   dose
le **double**   double
    ***doubler**   to double, pass a
    cape
la **douleur**   sorrow, grief, pain
    douloureux, douloureuse
    painful, sorrowful
le **doute**   doubt; **sans —**   doubtless,
    assuredly
    douter   to doubt
se **douter de**   to suspect
le **droit**   right
(la) **droite**   right; **à —**   on the
    right; **de —**   on the right
    hand side
    du   of the, from the, some, any
un **duel**   duel
la **duplicité**   duplicity
    dur   harsh, hard
    durant   during
    durement   harshly

E

l' **eau**   water
    ***ébloui**   dazzled

un **échange**   exchange
    ***échapper**   to escape
    écouter   to listen
    écraser   to crush
s' **écrier**   to exclaim, cry out
    écrire   to write
il **écrit**   he writes
    écrit   written; **il a —**   he has
    written, wrote
ils **écrivent**   they write
vous **écrivez**   you write; **écrivez**
    write
une **éducation**   education
un **effet**   effect; **en effet**   quite so,
    indeed, that's true
un **effort**   effort
    effrayant   frightening
une **effronterie**   effrontery
    eh bien!   well! very well!
l' **Égypte**   Egypt
    Elbe   Elba
une **élégance**   elegance
    élégant   elegant
un **élève**   pupil, student
un **élixir**   elixir
    elle   she, it, her; **— -même**
    herself
    elles   they, them; **— -mêmes**
    themselves
    éloigner   to remove
s' **éloigner**   to go away
    éloquent   eloquent
    embarrasser   to embarrass
    embrasser   to kiss, embrace
une **émeraude**   emerald
    ***émerveillé**   amazed
    emmener   to take away (a
    person)
une **émotion**   emotion
    empêcher   to prevent
un **empereur**   emperor
un **empire**   empire
un **emploi**   employ, employment
un **employé**   employe
    employer   to employ, use
un **empoisonnement**   poisoning

empoisonner to poison
un *empoisonneur, empoisonneuse poisoner
emporter to take away
un *empressement eagerness,
   alacrity
un emprisonnement imprisonment
emprisonner to imprison
ému moved, excited
en (prep.) in, into, to, by, at,
   while, like a, as, on; — riant
   laughingly; — spectateur as a
   spectator; — quelques heures
   within a few hours
en (pron.) of it, of them, of that,
   of her, of him, any, some; for
   it, about it, with it, from there,
   from it, etc.
enchanté enchanted, delighted
un enchanteur enchanter
encore again, still, yet
encourager to encourage
l' encre ink
un endroit place
endurer to endure
une énergie energy
un enfant child
un *enfer hell
enfermer to lock up, shut in
enfin finally, at last; mais — but
s' *enfuir to run away, abscond
engager to engage
enigmatique enigmatic
enlever to take away, remove,
   abduct
un ennemi enemy
énorme enormous
une *enquête inquest, inquiry,
   investigation
*ensemble together
ensuite next, then, afterwards
il entend he hears
entendre to hear; se faire —
   to be heard
entendu heard; il a — he
   heard; entendu! agreed!

un enthousiasme enthusiasm
entourer to surround
entre between, among, with;
   — les mains in one's hands
une entrée entrance, entry
une entreprise enterprise
entrer to enter, come in
une enveloppe envelope
envers toward, to, for
une envie envy
environ about
il envoie he sends
ils envoient they send
envoyer to send; — chercher
   to send for
un épilogue epilogue
un épisode episode
épouser to marry
un *équipage crew (of a boat),
   *carriage and horses
une erreur error
une érudition erudition, learning
tu es you are
un *esclave slave
escorter to escort
l' *Espagne Spain
*Espagnol Spanish
espérer to hope
une esplanade esplanade
un espoir hope
l' esprit mind, wit
l' *Est East
il est he is; est-ce? is it?; est-ce
   que? (sign of a question);
   n'est-ce pas? is it not?, does it
   not? etc; *c'est bon all right,
   never mind; c'est bien all
   right; c'est combien? how
   much?; c'est-à-dire that is to
   say; c'est (it, she, he, this,
   that) is; c'est à vous it
   belongs to you; c'est que the
   fact is that; *s'il est if there is
une estime esteem
estimer to esteem, estimate
et and

établir   to establish
il **était**   he was; **j'étais**   I was
ils **étaient**   they were
été   been; **il a —** he has been, was
vous **êtes**   you are
étendu   lying down
une **étendue**   extent
éternel, éternelle   eternal
éternellement   eternally
une **éternité**   eternity
étrange   strange
un **étranger**   stranger
être   to be; **— à**   to belong to
étudier   to study
eu   had; **avoir —**   to have had
eux   they, them; **eux-mêmes** themselves
une ***évasion**   escape
un **événement**   event
évidemment   evidently
l' **évidence**   evidence
évident   evident
exactement   exactly
exagérer   exaggerate
une **exaltation**   exaltation
exalté   exalted
examiner   to examine
exaspérer   to exasperate
Excellence   Excellency
excellent   excellent
excepter   except
excessivement   excessively
une **excitation**   excitement
exciter   to excite
une **exclamation**   exclamation
une **excuse**   excuse
excuser   to excuse
une **excursion**   excursion
exécuter   to execute
(un) **exemple**   example; **par —**   for example
un **exercice**   exercise
un **exil**   exile
une **existence**   existence
exister   to exist

une **expédition**   expedition
une **expérience**   experience
une **expiation**   expiation
une **explication**   explanation
expliquer   to explain
une **exploration**   exploration
exposer   to expose
expressif, expressive   expressive
une **expression**   expression
extérieur   exterior
une **extradition**   extradition
extraordinaire   extraordinary
extravagant   extravagant
extrême   extreme
l' **extrémité**   extremity
une **exultation**   exultation

F

fabuleusement   fabulously
fabuleux, fabuleuse   fabulous
facile   facile, easy
facilement   easily
la **facilité**   facility, ease
la **façon**   way, manner
faible   feeble, weak
(la) **faim**   hunger; **avoir —**   to be hungry; ***faire mourir de —** to starve (someone) to death
faire   to do, make; (*with inf.*) to cause something to be done **— bâtir**   to have built; **— venir**   to have (someone) come; **— tomber**   to cause (something) to fall; **— attention** to pay attention; **— grâce** to pardon; **— une question**   to ask a question; **— plaisir**   to please, give pleasure;* **— place à** to be replaced by; **— peur**   to frighten; **— une visite**   to pay a visit; **se — entendre**   to be heard; **que — ?**   what to do? what is to be done?; ***laissez —** let it be
se **faire**   to become

nous **faisons** we do; * — **un
commerce avec...** we are
engaged in a trade with ...
un **fait** fact, event
il **fait** he does, makes; — **chaud**
it is warm; — **jour** it is daylight; — **nuit** it is nighttime;
il se fait un silence there is a
silence; ***vous avez bien fait**
you did right; **qu'est-ce que
cela fait?** what does it
matter?
fait made, done; **il a** — he
made, did
vous **faites** you do, make; **faites**
do, make
fameux, fameuse famous
la **famille** family
fantastique fantastic
fasciné fascinated
la **fatigue** fatigue
fatigué fatigued, tired
une **faute** fault, error, sin, mistake
faux, fausse false
la **faveur** favor
favorable favorable
favorablement favorably
favoriser to favor
fébrile febrile
les **félicitations** felicitations,
congratulations
la **félicité** felicity, bliss
une **femme** woman, wife
une **fenêtre** window
le ***fer** iron; ***barre de fer** iron
bar
fermer to close, shut
féroce ferocious
fervent fervent
une **fête** fete, party, feast
une **feuille** leaf, sheet of paper
le **fiancé, la fiancée** fiancé;
fiancé à betrothed to
fidèle faithful
fier, fière proud
fièrement proudly

la ***fierté** pride
*fiévreux, fiévreuse feverish
filial filial
(une) **fille** girl, daughter; **une jeune
—** a girl, young lady; **petite-
—** grand-daughter
un **fils** son
la **fin** end
finalement finally
fini finished, over
finir to finish, end
une ***fiole** phial
une **fissure** fissure
fixe fixed
fixement fixedly
la **fixité** fixedness
les ***flots** waves
fois time; **une —** once; **deux
—** twice; **à la —** at the same
time; **tant de —** so many
times; **une — là** once there;
chaque — que whenever,
each time
la ***folie** madness
fonctionner to function, work
forcer to force
la **formalité** formality
la **forme** form
formidable formidable
fort (*adj.*) strong
fort (*adv.*) very, quite; ***— bien**
very well
une **forteresse** fortress
(une) **fortune** fortune; ***réaliser sa —**
to convert one's assets into cash
fou, folle mad
la **foule** crowd
fournir furnish, give
un **franc** silver coin, the value of
an American quarter at the time
of the story
un **Français** Frenchman
le **français** French language
français French
frapper to knock, strike
fréquenter to frequent

un **frère**   brother
frissonnant   shivering
frissonner   to shiver
froid   cold
la **froideur**   coldness
un **fruit**   fruit
la ***fureur**   fury
furieux, furieuse   furious
furieusement   furiously
furtif, furtive   furtive
furtivement   furtively
un ***fusil**   gun

G

gagner   to win, earn
gai,   gay, cheerful, merry
la **gaieté**   gaiety
la **galanterie**   gallantry
une **galerie**   gallery
un **galop**   gallop
galvaniser   to galvanize
un **garçon**   boy, waiter
un **garde**   guard, jailer
la **garde**   protection
garder   to guard, keep, protect
(**la**) **gauche**   left; **à —** on the left; **de —** on the left hand side
un **géant**   giant
Gênes   Genoa
un **général**   general
général   general
généralement   generally
généreux, généreuse   generous
généreusement   generously
la **générosité**   generosity
un **genou**   knee; **à genoux** on one's knees
(**les**) **gens**   people; **les jeunes —** young men, young people
le **geste**   gesture, sign
la **goutte**   drop
le **gouvernement**   government
le **gouverneur**   governor
(**la**) **grâce**   grace, mercy; **— à**

thanks to; **faire — à** to pardon; **—!** have mercy!
gracieux, gracieuse   gracious, graceful
grand   large, tall, great
le **grand-père**   grandfather
le **granit**   granite
la **gratitude**   gratitude
grave   grave
gravement   gravely
grec, grecque   Greek
la ***Grèce**   Greece
gros, grosse   big, large, bulky
la **grotte**   grot, grotto
le **groupe**   group
grouper   to group
la **guerre**   war
le **guide**   guide
guider   to guide, lead; **se — sur** to imitate, follow
la **guillotine**   guillotine

H

une **habitation**   habitation, dwelling
un **habitant**   inhabitant
habiter   to live in, reside
(**une**) **habitude**   habit, custom; **d' —** usually; **comme d' —** as usual
hagard   haggard
la **haine**   hate, hatred
***haletant**   panting, breathless
une **hallucination**   hallucination
un ***hamac**   hammock
***hanter**   to haunt
hardi   bold
hasarder   to venture, risk
hasardeux, hasardeuse   hazardous
(**la**) **hâte**   haste; **en toute —** in great haste
se ***hâter**   to hasten
***hausser**   to go up, rise
hein?   hey? what?
hélas   alas
un ***héritier**   heir

héroïque heroic
un héros hero
une hésitation hesitation
hésiter to hesitate
(une) heure hour, time, o'clock; de
bonne — early; à quelle — ?
at what time?; à l' — on
time; dix heures ten o'clock;
*à la bonne —! good!; tout à
l' — a moment ago
heureusement fortunately
heureux, heureuse happy,
lucky
hideux, hideuse hideous
hier yesterday
une histoire story
*holà! hey there!
(un) homme man; un jeune — a
young man
honnête honest
l' honneur honor, reputation
les honneurs honors, distinctions
honorable honorable
honorablement honorably
honorer to honor
l' horizon horizon
l' horreur horror
horrible horrible
horriblement horribly
hors de out of
un hôte host
un hôtel hotel, mansion, house
humain human
l' humanité humanity
une humiliation humiliation
hypnotisé hypnotized
un hypocrite hypocrite

I

ici here
une idée idea
une idole idol
ignominieux, ignominieuse
ignominious
ignorant ignorant

ignorer to be ignorant of,
not to know
il he, it; il y a there is, there
are; il y a (deux ans) (two
years) ago
ils they
une île isle, island
illimité unlimited
une illusion illusion
une imagination imagination
s' imaginer to imagine
imiter to imitate
immédiat immediate
immédiatement immediately
immense immense
imminent imminent
immobile immobile, motionless
une immunité immunity
une impassibilité impassibility
impassible impassible
une impatience impatience
impatient impatient
impénétrable impenetrable,
inscrutable
imperceptible imperceptible
impérieux, impérieuse imperi-
ous
imperturbable imperturbable
implacable implacable
implorer to implore
l' importance importance
important important
imposant imposing
imposer to impose, thrust
une impossibilité impossibility
impossible impossible
une imprécation imprecation
une impression impression
improviser to improvise
une imprudence imprudence
imprudent imprudent
une impudence impudence
une imputation imputation
incapable incapable, unable
incarcérer to incarcerate
incertain uncertain

s' **incliner**   to bow
incomparable   incomparable
incrédule   incredulous
l' **incrédulité**   incredulity
indélébile   indelible
l' **indépendance**   independence
indépendant   independent
une **indication**   indication
une **indifférence**   indifference
indifférent   indifferent
une **indignation**   indignation
indiquer   to indicate
indirectement   indirectly
indispensable   indispensable
un **individu**   individual
indulgent   indulgent
ineffable   ineffable
inévitable   inevitable
inexorable   inexorable
infâme   infamous
une **infamie**   infamy
infester   to infest
infini   infinite
inflexible   inflexible
une **influence**   influence
une **information**   information
informer   to inform
ingénieusement   ingeniously
ingénieux, ingénieuse   ingenious
une **ingéniosité**   ingeniosity
injuste   injust
injustement   injustly
une **innocence**   innocence
innocent   innocent
inquiet   anxious, troubled,
   uneasy
inquiéter   to disturb, trouble
s' **inquiéter**   to become uneasy,
   worried
une **inquiétude**   inquietude, anxiety
insinuant   insinuating
insister   to insist
une **insolence**   insolence
insolent   insolent
inspirer   to inspire
une **installation**   installation

s' **installer**   to settle one's self
un **instant**   instant, moment
un **instinct**   instinct
instinctivement   instinctively
une **instruction**   instruction
un **instrument**   instrument, tool
une **insulte**   insult
insulter   to insult
l' **intégrité**   integrity
une **intelligence**   intelligence
intelligent   intelligent
intelligible   intelligible
un ***intendant**   steward
une **intention**   intention
intercéder   to intercede
***interdit**   forbidden
intéressant   interesting
intéresser   to interest
un **intérêt**   interest
un **intérieur**   interior
interminable   interminable
interminablement   interminably
un **interprète**   interpreter
une **interruption**   interruption
un **interstice**   interstice
un **intervalle**   interval
***intervenir**   to intervene
une **intervention**   intervention
une ***intimité**   intimacy, private life
intolérable   intolerable
inventer   to invent
une **invention**   invention
une **investigation**   investigation,
   inquiry
invisible. invisible
une **invitation**   invitation
un **invité**   guest
inviter   to invite
une **ironie**   irony
ironique   ironic, ironical
irriter   to irritate
(une) **irruption**   irruption; ***faire —**
   to burst in
l' **Italie**   Italy
un **Italien**   Italian
l' **italien**   Italian language

J

la jalousie jealousy

jaloux, jalouse jealous

jamais never, ever; **plus que —** more than ever

le jardin garden

je I

jeter to throw, cast; **— les yeux (un regard)** to cast a glance

il jette he throws, casts

jeune young; **une — fille** a girl, young lady; **les jeunes gens** young men, young people

une joie joy

joli pretty

une joue cheek

(le) jour day, daytime; **tout le —** the whole day long; **tous les jours** every day; **il fait —** it is daylight; **huit jours** a week; **ce — là** that day

un journal (*pl.* **journaux**) newspaper

un journaliste journalist

(une) journée day; **toute la —** the whole day long

jovial jovial

joyeusement joyously

joyeux, joyeuse joyous; ***tout — overjoyed**

un juge judge

un jugement judgment

jusque to, till, until, as far as

juste (*adj.*) just

juste (*adv.*) exactly

justement as it happens

la justice justice

justifier to justify

L

l' (*for* **le, la**) the, it, him, her

la the, her, it; **— voici** here she (it) is

là there; ***— où** where; **à quelque temps de —** some time later; **ce jour- —** that day; **de ce côté —** this way

laconiquement laconically

laisser to let, allow, leave; **— tomber** to drop; ***laissez faire!** let it be!

lamentablement lamentably

se lamenter to lament, mourn

un langage language

une *langue tongue, language

un laquais lackey

laquelle who, which, whom, that

laquelle? which? which one? what?

large wide, broad, ample

une larme tear

le latin Latin

le the, him, it; **— voici** here he (it) is

le lendemain the next day; **le — matin** the next morning

lent slow

lentement slowly

*léguer to bequeath

lequel who, whom, which, that

lequel? which? which one? *what?

les the, them; **— voici** here they are

lesquels, lesquelles who, whom, which, that

lesquels? lesquelles? which ones? which? what?

une lettre letter

leur their; **le (la, les), leur** theirs; them, to them

lever to raise, lift

se lever to rise, stand up, get up, arise

la lèvre lip

la liberté liberty

libre free

(un) lieu place; **avoir —** to take place; **au — de** instead of

une *lieue league
   limité limited
la limonade lemonade
   lire to read
vous lisez you read; lisez read
le lit bed
il lit he reads
la littérature literature
   livide livid
un livre book
une loge lodge, *theater box
   loger to lodge
la loi law
   loin far, far away, distant; plus
   — farther; au — at a distance,
   far off; de — from a distance
   long, longue long
   longtemps a long time
   lorsque when
   lourd heavy
   lucratif, lucrative lucrative
   lui he, him, it, to him, to her;
   c'est — it is he; — -même
   himself; sur — with him
la lumière light
le *luxe luxury

M

M. (abbr. for monsieur) Mr.
ma my
*machinal mechanical
une machination machination
une machine machine
   madame madam, Mrs.
   mademoiselle Miss
   magique magical
un magistrat magistrate
   magnifique magnificent
   mai May
(une) main hand; à la — in his
   hand; entre ses mains in
   his hands
   maintenant now
   mais but; — oui why yes;
   — enfin but

(une) maison house, home, firm; à la
   — at home
un maître master, teacher
   malade ill, sick
un malade patient
un malheur misfortune, unhappi-
   ness, misery
   malheureux unfortunate,
   unhappy
un malheureux wretch
un malaise discomfort
   manger to eat
une manière manner, way
   manifester to manifest
   manipuler to manipulate
une manœuvre maneuver
le *manque the lack
   manquer to lack, miss, fail
un manuscrit manuscript
un marchand merchant
des marchandises, merchandise,
   goods
   marcher to walk, go
un mari husband
un mariage marriage
un marin sailor
la marine marine
une marque mark
un marquis marquis
une marquise marchioness
   mars March
un masque mask
   masquer to mask, hide, screen
un massacre massacre
   massacrer to massacre, kill
une masse mass
   masser to amass
les mathématiques mathematics
(le) matin morning; le lendemain
   — the next morning
   *maudit accursed
   mauvais bad, malicious; un
   — sourire a malicious smile
   me me, to me; — voici here I
   am
   méchant bad, wicked, ill-

natured; **d'un air —** with a
wicked look

les méchants evil-doers

une *mèche fuse

un médecin doctor, physician

une méditation meditation

méditer to meditate

la Méditerranée Mediterranean
Sea

meilleur better; **le —** the best

la mélancolie melancholy

mélancolique melancholic

Mlle (*abbr. for* **mademoiselle**)
Miss

mélodieux, mélodieuse melodi-
ous

un membre member

même (*adj.*) (*before a noun*)
same; (*after a noun*) the very,
the very same; **le jour —**
that very day; (*after a pron.*)
self; **lui- —** himself, *etc.*

même (*adv.*) even

menaçant menacing, threatening

une menace threat, menace

menacer to menace, threaten

mentir to lie

tu mens you lie

la mer sea

merci thank you

la mère mother

mes my

mesdames (*pl. of* **madame**)
ladies

messieurs (*pl. of* **monsieur**)
gentlemen

mesurer to measure

il met he puts, puts on, places

métallique metallic

vous mettez you put, on, place

mettre to put, put on,
place

se mettre (**à**) to begin to, to set
about; **— en route** to set out
(on a journey); **— à table** to
sit at table

le mien, la mienne mine

(le) milieu middle, center, midst;
au — de in the midst of

un milord English lord, nobleman

un mille thousand, a thousand

un million million

un millionnaire millionaire

une miniature miniature

une minute minute

un miracle miracle

miraculeux, miraculeuse
miraculous

un misanthrope misanthrope

une mission mission

MM. (*abbr. for* **messieurs**)
gentlemen

Mme (*abbr. for* **madame**) Mrs.

modestement modestly,
moderately, decently

moi I, me, to me; **— -même**
myself; **sur —** with me; **à —**
mine

le moindre the least

moins less; **au (du) —** at least

un mois month

(un) moment moment; **en ce —** at
that moment, now, presently

mon my

(le) monde world, society, people;
tout le — everybody;
du — of the best society

un monosyllabe monosyllable

monsieur sir, Mr.

un monsieur gentleman

monstrueux, monstrueuse
monstrous

monter to go up, climb,
get into (a carriage), go aboard
a ship

montrer to show, point out

se montrer to show one's self,
prove one's self

un morceau piece

morose morose, surly

la mort death

un mort dead person

mort dead; **il est —** he is
dead, died

mortel mortal, deadly

(**un**) **mot** word; ***le — de passe**
password

vous mourez you die

mourir to die

un mouvement movement, motion,
impulse

un moyen means

une multitude multitude

*munir to provide with

un mur wall

un murmure murmur

murmurer to murmur,
grumble

mystérieux, mystérieuse
mysterious

mystérieusement mysteriously

N

nager to swim

Napoléon Ier Emperor of
France 1804–1814

la nationalité nationality

naturel, naturelle natural

naturellement naturally

*navré heartbroken

ne *used generally with* **pas** *to
form negative sentences, although
used alone with certain verbs as*
savoir *and* **pouvoir,** *i.e.,* **je ne
sais, je ne peux.** *Used in negative expressions such as:* **— . . .
rien** nothing; **— . . . jamais**
never; **— . . . personne** no
one; **— . . . plus** no longer;
— . . . ni . . . ni neither . . .
nor; **— . . . que** only

née born

nécessaire necessary

négligemment negligently,
nonchalantly

nerveux nervous

ni nor; **ni . . . ni . . .**
neither . . . nor

une niche niche, recess

un noble nobleman

noble noble, belonging to the
aristocracy

noir black

un nom name

nommer to name, appoint

un nombre number

non no, not; **mais —** why no;
— seulement not only; **—
pas** not

le nord north; ***nord-est** North-
east

nos our

noter to note, observe

notifier to notify

notre our

le nôtre, la nôtre ours

nous we, us, to us; each other,
to each other

nouveau, nouvelle new; **de
nouveau** again, once more

nouveau-riche newly-rich,
upstart

une nouvelle piece of news

(**la**) **nuit** night; **il fait —** it is
night; **dans la —** in the
darkness; **cette —** tonight

O

une objection objection

un objet object

une obligation obligation

obliger to oblige

obscur obscure, dark

l' obscurité obscurity, darkness

obséquieux, obséquieuse
obsequious

observer to observe, notice

un obstacle obstacle

obstinément obstinately

obtenir to obtain

une occasion occasion, opportunity

occuper to occupy
un océan ocean
octobre October
odieux, odieuse odious
offert offered; **il a —** he offered
un officier officer
une offre offer
il offre he offers
offrir to offer
oh! *interjection*
on *ind. pron. variously translated
as:* one, they, people, you, we,
etc., or by the passive voice, i.e.,
on dit it is said
ils ont they have
onze eleven
l' Opéra opera house, opera
une opinion opinion
l' or gold
un orateur orator, speaker
ordinaire ordinary
il ordonnait ordered, commanded
un ordre order
organiser to organize
un *orgueil pride
l' Orient Orient, the East
oriental Oriental, Eastern
une origine origin
l' ostentation ostentation
ou or
où where, when, in which;
* — cela? where?; ***là —**
where
oublier to forget
oui yes; **mais —** why yes
ouvert open; **il a —** he
opened
une ouverture opening
(il) ouvre he opens; **la porte s' —**
the door opens
ouvrir to open

P

un pacha pasha
une page page, leaf (of a book)

il paie he pays; **ils paient** they
pay
le pain bread
*pair de France member of the
Chambre des Pairs, Peer
une paire pair
un *palais palace
pâle pale
pâlir to turn pale
une panique panic
le papier paper
par by, through, with
une parade parade
il paraît he seems, appears
paraître to seem, appear
paralysé paralyzed
un paralytique paralytic
parce que because
(un) pardon pardon, forgiveness;
je vous demande — I beg
your pardon, excuse me
pardonner to pardon, forgive
pareil like, similar, same; **un —!**
such a!
les parents parents, relatives
parfait perfect
parfaitement perfectly
parisien Parisian
parler to speak, talk; **parlez!**
speak!
parmi among
une parole word, spoken word
(une) part part; ***de la — de** from,
on the part of
il part he leaves, goes away
partager to share
vous partez you go away; **partez!** go!
parti gone; **il est —** he has
gone, left
partir to go away, to leave
un partisan partisan
partons! let us go!
partout everywhere
(un) pas step; ***de ce —** right now
pas no, not; **ne . . . —** not;
non — not

un **passage** passage
le **passé** past
un **passeport** passport
passer to pass, spend (time)
se **passer** to happen, take place
la **passion** passion
passionné passionate
paternel, paternelle paternal
la **patience** patience
patient patient
pauvre poor, unfortunate
les **pauvres** poor people
un **pavillon** pavilion, small house
(in a garden)
payer to pay
un **pays** country
une ***pêche** peach
(la) **peine** sorrow, grief, pain; **à —**
hardly, scarcely
pendant during; **— que** while
pénétrer to penetrate
pénible painful
la **pensée** thought
penser to think, consider
il **perd** he loses, is losing
perdre to lose, ruin (someone)
perdu lost, ruined
le **père** father; *Sr.
une **perfidie** perfidy
une **période** period
une **perle** pearl
(vous) **permettez** you allow,
permit; * **— -moi** permit me,
allow me
permettre to allow, permit
une **permission** permission
perpétuel, perpétuelle per-
petual; ***prison perpétuelle**
life imprisonment
perplexe perplexed, puzzled
persécuter to persecute
une **persécution** persecution
une **personnalité** personality
une **personne** person
personne (*with* ne) no one,
nobody

personnel, personnelle personal
persuader to persuade
une **perte** loss
petit little, small, tiny
pétrifié petrified
peu little, few; **— de** not
much, not many; **un — de** a
little; **— à —** little by little;
à — près nearly
(la) **peur** fear; **avoir —** to be
afraid; **faire — à** to frighten
il **peut** he can, may, might
peut-être perhaps
ils **peuvent** they can, may, might
je **peux** I can, may, might
la **philosophie** philosophy
la **physionomie** physionomy
le **physique** physique
une **piastre** piaster
une **pièce** piece, coin
un **pied** foot
une **pierre** stone
un **pilote** pilot
une **pile** pile
(la) **pitié** pity; **avoir —** to pity;
***ayez —** ! have mercy!; **par —**
for pity's sake
la **place** place, situation
placer to place, *invest
(capital)
***plaisanter** to joke, jest
une **plaisanterie** pleasantry, joke
(le) **plaisir** pleasure; **faire —** to
give pleasure, please
(il) **plaît** he pleases; **s'il vous —**
if you please
un **plan** plan, drawing, draft
une **plante** plant
plausible plausible
plein full
pleurer to weep, cry
plonger to plunge
une **plume** pen
la **plupart** the greatest part, most
of
plus more; **le —** the most;

de — en — more and more;
— que, — de more than;
plus ... plus ... the more ...
the more; **ne ... —** no more,
no longer; **rien de —** nothing
more; **— rien** nothing more;
— que jamais more than
ever; **en — de** besides; **tout
au —** at the most
plusieurs several
plutôt rather, sooner than
une **poche** pocket
un **point** point, dot
une **pointe** point, tip
un **poison** poison
la **police** police
poliment politely
la **politesse** politeness
la **politique** politics
politique political
pompeux, pompeuse pompous
ponctuel punctual
un ***pont** bridge, deck
un **port** port, harbor
une **porte** door, gate of a city
porter to wear, carry;
— à ses lèvres to raise to one's
lips
poser to place, put
une **position** position, situation
posséder to possess
une **possession** possession
possible possible
(la) **poste** post; **chaise de —** postchaise
un **postillon** postillion, driver
la ***poudre** powder, gunpowder
le **poulet** chicken
pour for, to, in order to; **— que**
in order to, so that
pourquoi why
poursuivi pursued
poursuivre to pursue
pourtant however, still, yet
pousser to push, grow; **— un
cri** to utter a cry

vous **pouvez** you can, may, might
pouvoir to be able
une **précaution** precaution
précéder to precede
précédent preceding
précieux, précieuse precious
précipiter to hasten, precipitate
se **précipiter** to rush forward
précis precise, exact
la **précision** precision
préférable preferable
il **préférait** he preferred
une **préférence** preference
préférer to prefer
prématurément prematurely
le **premier, la première** the first
en **prenant** by (while) taking
prendre to take
vous **prenez** you take; **prenez** take
préoccupé preoccupied
préparer to prepare
près near, close by, close;
— de near, nearly
une **présence** presence
le **présent** present time; **à présent**
now
un **présent** present, gift
une **présentation** presentation
présenter to present
presque almost
un **pressentiment** presentiment
le **prestige** prestige
prêt ready; **— à +** *inf.* ready
to **+** *inf.*
un **prétexte** pretext
une **prévision** prevision
prier to pray; **je vous (en) prie**
I beg of you; **je vous prie** if
you please, please, I beg you
un **prince** prince
le **principal** principal, main
une **prison** prison, jail
un **prisonnier, prisonnière** prisoner
une **privation** privation
(un) **prix** price; **à aucun —** at any
price

probable probable

probablement probably

un problème problem

prochain next, coming

procurer to procure, get, obtain

le procureur du roi king's attorney

un prodige prodigy

prodigieux, prodigieuse prodigious

une profession profession

un profit profit

profond profound, deep

profondément profoundly, deeply, soundly

le progrès progress

un projet project, scheme

projeté projected, planned

une promenade walk

une promesse promise

il promet he promises

promis promised; il a — he promised

un promontoire promontory

promptement promptly

prononcer to pronounce

proposer to propose

propre (before noun) own, very own; (after noun) clean

prospérer to prosper

la prospérité prosperity

un protecteur protector

la protection protection

protéger to protect

une protégée protégée

une protestation protestation

protester to protest

prouver to prove

des provisions provisions, food

provoquer to provoke

prudent prudent

public, publique public

*publier to publish

puis then, next, afterward

(je) puis (second form of je peux) I can, may; —-je? may I?

puisque since, as

punir to punish

pur pure

Q

qu' for que

un quai quay

quand when, whenever

une quarantaine two scores

quant à as for

quatorze fourteen

quatre four

que (conj.) that, than, as; ne... que only

que (int. pron.) what? qu'est-ce —? what?; qu'est-ce qui? what? qu'est-ce — c'est? what is it? — veut dire...? what does . . . mean? qu'est-ce qu'il y a? what is the matter? qu'avez-vous? what is the matter with you? — faire? what is to be done?

que (rel. pron.) whom, which, that; ce — that which, what

quel? quelle? what? which? who?

quel! quelle! what a!

quelque some, any; quelques some, several, a few

quelque chose something

quelquefois sometimes

quelqu'un someone; — d'autre someone else

quelques-uns a few, some

une question question; faire — to ask a question

questionner to question

qui (rel. pron.) who, whom, which, that; ce — that which, what

qui? (int. pron.) who? whom? — est-ce qui? who? — est-ce que? whom? *— vive? who goes there?

quinze fifteen
quitter to leave
quoi what, which

R

une **race** race, issue, breed
racheter to buy back, redeem
raconter to tell (a story)
des ***rafraîchissements**
refreshments
la **rage** rage, fury
(la) **raison** reason; **avoir —** to be
right
raisonnable reasonable
ramener to bring back
une **rançon** ransom
***ranimer** to revive
rapide rapid, quick
rapidement rapidly, quickly
la **rapidité** rapidity
rappeler to call back
se **rappeler** to recall, remember
se **rapprocher** to come nearer
rare rare
un ***rasoir** razor
rassurer to reassure
se **rassurer** to feel reassured
ravager to ravage, lay waste
une **réaction** reaction
réaliser to realize, *convert into
cash
(la) **réalité** reality; **en —** really,
in fact
récent recent
une **réception** reception
recevant receiving
recevoir to receive
un **récit** story, narration
il **reçoit** he receives
recommander to recommend
recommencer to recommence,
begin again
reconduire to take back,
escort, accompany

il **reconduit** he takes back, escorts,
accompanies
reconnaître to recognize
il **reconnaît** he recognizes
reconnu recognized; **il a —** he
recognized
reconstituer to reconstitute
reculer to draw back, recoil
récupérer to recuperate, recover
redécorer to redecorate
redescendre to come down
again
redevenez become again,
become once more
redevenir to become again,
become once more
il **redevient** he becomes again
redoutable redoubtable, dreaded
refaire to do again, make over
refermer to close again, shut
again
réfléchir to think over,
ponder, reflect
une **réflexion** reflexion, thought
un **refuge** refuge, shelter
refuser to refuse
un **regard** look, glance; **jeter —**
to cast a glance
regarder to look at
un **régiment** regiment
régner to reign
un **regret** regret
regretter to regret
régulier regular
régulièrement regularly
une **relation** relation
relever to rise, lift
se **relever** to rise again, stand up,
arise
relevez-vous! stand up!, rise!
remarquable remarkable
remarquer to remark, notice
remercier to thank
remettre to put back, deliver
se **remettre à** to resume one's
occupation

remis put back, delivered
remonter to go up again, get in again (a carriage)
un *__remords__ remorse
remplacer to replace, take the place of
remplir to fill up, fill again, fulfill
il **remplissait** he filled, fulfilled
une **rencontre** meeting, encounter
rencontrer to meet, encounter
rendre to render, give back, make; — **responsable** to hold responsible
se **rendre à** to go to
rendez-vous rendezvous, meeting, appointment
renoncer to renounce, give up
des *__renseignements__ information
rentrer to re-enter, come back, return home
renvoyer to send back
reparaître to reappear
réparer to repair
repartir to leave
*__repêcher__ to fish out, rescue
se **repentir** to repent
la **répercussion** repercussion
répéter to repeat
il **répond** he answers
répondre to answer
une **réponse** answer
le **repos** rest, repose
repousser to push back, repel
reprendre to take back, resume, recover
représenter to represent
*__réprimer__ to repress
un **reproche** reproach
une **répulsion** repulsion, repugnance
la **réputation** reputation
réserver to reserve
la **résignation** resignation
la **résistance** resistance
résister to resist
une **résolution** resolution

le **respect** respect
respecter to respect
la **respiration** respiration, breathing
responsable responsible; **rendre** — to hold responsible
la **responsabilité** responsibility
ressembler to resemble, be like
une **ressource** resource
une **restauration** restoration
le **reste** rest, residue, remainder
rester to remain, stay; **il lui reste** there remains to him
une **restitution** restitution
(le) **retard** delay; **être en** — to be late
se **retirer** to retire, withdraw
retomber to fall back
le **retour** return
retourner to go back, return, turn over
se **retourner** to turn around
la **rétribution** retribution
retrouver to find, find again; **aller** — to go meet someone
réunir to gather, collect
réussir to succeed
la *__revanche__ revenge
réveiller to awaken (someone)
se **réveiller** to wake up
une **révélation** revelation
révéler to reveal, divulge
revenir to come back, return
rêver to dream
la **rêverie** reverie
il **revient** he comes back, returns
ils **reviennent** they come back, return
revoir to see again
se **révolter** to revolt
une **révolution** revolution
un *__révolver__ revolver
le **rhum** rum
riant laughing; **en** — laughingly

riche rich; — **à millions** rich
with millions

un **rideau** curtain

rien nothing; **ne ... —** nothing,
anything; **plus —** nothing
more; **— de plus** nothing more

rigide rigid

le **rire** laugh, laughter

rire to laugh

le **risque** risk

risquer to risk, run the risk

il **rit** he laughs

un **rival** rival

une **robe** dress

un **rocher** roc

un **roi** king

*rompre to break

une **rose** a rose

rose pink

(la) **route** road, way, direction;

se mettre en — to set out;

en — pour on the way to

royal royal

royaliste royalist

un **rubis** ruby

une **rue** street

la **rumeur** rumor

la **ruine** ruin

ruiner to ruin

S

sa his, her, its

un **sac** sack, bag

un **sacrifice** sacrifice

sacrifier to sacrifice

saisir to seize

la **saison** season

(il) **sait** he knows; **si on —** if it is
known

la **salle** room

le **salon** drawing room

saluer to salute, bow to,
greet

les **salutations** salutations

*sanglant bleeding

un ***sanglot** sob

sans without; **sans +** *inf.*,
without + *pres. part., i.e.,*

— voir without seeing;

— savoir without knowing

sarcastique sarcastic

sardonique sardonic

une **satisfaction** satisfaction

sauter to jump

sauvage savage, wild

sauver to save, rescue

sauvons let us save

je **savais** I knew

vous **savez** you know

savoir to know, know how,
find out

un **scandale** scandal

une **scène** scene

une **science** science

un **scrupule** scruple

*scruter to scan

se *used with reflex. and recip.*
verbs: (to) himself, (to) oneself,
(to) themselves, *etc.*; to one
another

une ***séance** session

second second

secondaire secondary

une **seconde** second

secouer to shake; **— la tête** to
shake one's head

(le) **secours** help; **appeler au —**
to ask for help

un **secrétaire** secretary

un **secret** secret

secret, secrète secret

secrètement secretly

le **sel** salt

la **semaine** week

un **sémaphore** semaphore,
signal-post

sembler to seem, appear

une **sensation** sensation

(il) **sent** he feels; **il se —** he feels
himself

une **sentence** sentence

la **séparation** separation
séparer to separate
septembre September
il ***sera** he will be
il ***serait** he would be
sereine serene
vous ***serez** you will be
sérieux, sérieuse serious
sérieusement seriously
un ***serment** oath
un **serpent** serpent, snake
***serrer** to tighten; ***le cœur
serré** with a heavy heart
un **service** service
servir to serve
se **servir de** to use, make use of
ses his, her, its
seul alone; **le —** the only one
seulement only; **non —** not
only
sévère severe, harsh, stern
sévèrement severely
si (*conj.*) if, whether, supposing
si (*adv.*) so, so much, yes; **un
— bon** such a good
un **siège** siege
le **sien, la sienne** his, hers, its
les **siens, siennes** his, hers, its
le **signal** (*pl.* **signaux**) signal, sign
la **signature** signature
un **signe** sign; **faire —** to give
(make) a sign; **— de tête**
a nod
signer to sign
(le) **silence** silence; **en —** silently;
il se fait un — there is a
silence
silencieux, silencieuse silent
simple simple, plain
simplement simply
la **simplicité** simplicity
simuler to simulate
sincère sincere
la **sincérité** sincerity
sinistre sinister
la **situation** situation

situé situated
situer to place
six six
le **sixième** the sixth
la **société** society
soi self, oneself
soigner to take care of
(le) **soin** care; **avoir — de** to take
care of; **avec —** carefully
(le) **soir** evening; **bon —** good
evening; **ce —** this evening
qu'il ***soit** be, let him be
soixante sixty
un **soldat** soldier
solide solid
la **solitude** solitude
sombre somber, dark, gloomy
***sombrer** to sink
une **somme** sum
nous **sommes** we are
somptueux, somptueuse
sumptuous
un **son** sound
son his, her, its, one's
songer to think
sonore sonorous
ils **sont** they are
il **sort** he goes out
la **sorte** sort
vous **sortez** you go out
sortir to go out; **au — de** on
going out
soudain (*adj.*) sudden
soudain (*adv.*) suddenly
souffert suffered; **il a —** he
has suffered
la ***souffrance** suffering
il **souffre** he suffers
souffrir to suffer
soulever to lift
un ***soupçon** suspicion
la **soupe** soup
la **source** source, origin
***sourd** muffled, dull, toneless
(un) **sourire** smile; **un mauvais —**
a malicious smile

sourire to smile
*souriant smiling
il **sourit** he smiles
sous under
un **souvenir** souvenir,
  remembrance, memory
souvent often
*soyez be
un **spasme** spasm
spécial special
spécialement specially,
  especially
spécifier to specify
un **spectacle** spectacle
(un) **spectateur** spectator; ***en —**
  like a spectator
un **spectre** spectre, ghost
un **spéculateur** speculator
une **spéculation** speculation
splendide splendid
un ***squelette** skeleton
stable stable, firm
une **statue** statue
la **stupéfaction** stupefaction
stupéfait stupefied, astounded
la **stupeur** stupor, astonishment
stupide stupid
su known; **il a —** he has
  known; ***je n'ai pas —** I failed
  to
*subit sudden
substituer to substitute
subtil subtle
succéder to succeed
le **succès** success
une **succession** succession,
  inheritance
successivement successively
succomber to succumb
suffire to suffice, be sufficient
il **suffit** it suffices; **— que** it is
  enough that
*suffoqué flabbergasted
le **suicide** suicide
se **suicider** to commit suicide
je **suis** I am

il **suit** he follows
(la) **suite** following; **tout de —** at
  once
suivant following
(vous) **suivez** you follow; **— -moi**
  follow me
suivi followed
suivre to follow
un **sujet** subject
le **sultan** sultan
superbe superb
superposer to superpose
une **supplication** supplication
supposer to suppose
suprême supreme
sur on, upon; **— lui** with him
sûr sure
sûrement surely
la **surface** surface
*surmonter surmount, overcome
surpris surprised
la **surprise** surprise
la **surveillance** surveillance
suspect suspected
la **sympathie** sympathy
un **symptôme** symptom

T

ta your
une **table** table
taciturne taciturn
se **taire** to keep silent
tandis que while
tant (de) so much, so many;
  — que as long as; **— de fois**
  so many times
tard late, late hour
te you, to you, yourself, to
  yourself
tel, telle such; **un tel!** such a!
tel que such as; **tel qu'il est**
  just as he is
un **télégramme** telegram
le **télégraphe** telegraph
la **télégraphie** telegraphy

tellement   so much, so
un **témoin**   second, witness
(le) **temps**   time; **de — en —**   from
time to time; **combien de —?**
how long?
tendre   tender
tendrement   tenderly
tenez!   here! look here! *well!
vous **tenez**   you hold, keep
tenir   to hold, keep
la **tentation**   temptation
le **terme**   term, word
terminé   terminated, over
terminer   to terminate, finish
la **terreur**   terror
terrible   terrible
terrifier   to terrify
terroriser   to terrorize
tes   your
le **testament**   testament, will
(la) **tête**   head; **secouer la —**   to
shake one's head; **un signe de —**
a nod; **la — basse**   with
bowed head
le **théâtre**   theater
***tiens!**   well! so! naturally!
un **tigre**   tiger
timide   timid
timidement   timidly
tirer   to pull
un **titre**   title
toi   you
la **toilette**   toilet
la **tombe**   tomb
tomber   to fall; **laisser —**   to
drop; **faire —**   to cause (something) to drop; **— à genoux**   to
fall on one's knees
ton   your
le **ton**   tone, tone of voice
tonique   tonic
la **torche**   torch
la **torture**   torture
torturer   to torture
touchant   touching, moving
toucher   to touch, move

toujours   always, still, ever;
***pour —**   for ever
(le) **tour**   turn; **à (son) —**   (his)
turn; **— à —**   by turns
un **touriste**   tourist
tourmenter   to torment
tourner   to turn
se **tourner**   to turn around
tout, toute, tous, toutes (*adj.*)
all, every, any; **tout le**   the
whole
tout (*adv.*)   quite, very, just
tout (*pron.*)   everything, all;
— autre   any other;
tous (les) deux   both;
— le jour   the whole day long;
tous les jours   every day;
***— joyeux**   overjoyed;
c'est —   that's all;
après —   after all;
— ce qui   all that which;
— de suite   at once;
— à coup   suddenly;
— à fait   quite;
— le monde   everybody
— pareil   identical
— en   while;
— à l'heure   a moment ago
une **trace**   trace
tracer   to trace
la **tradition**   tradition
le **trafic**   traffic, trade
la **tragédie**   tragedy
trahi   betrayed; **il a —**   he has
betrayed, he betrayed
trahir   to betray
la **trahison**   treason
***traîner**   to drag
un **traître**   traitor
tranquille   tranquil, calm
la **tranquillité**   tranquillity
une **transaction**   transaction
une **transformation**   transformation
transformer   to transform
transporter   to transport
travailler   to work

traverser to traverse, go through
à travers through
tremblant trembling
le tremblement trembling
trembler to tremble
trente thirty; **— -trois** thirty-three; **— -cinq** thirty-five
très very
un trésor treasure
un *tribunal court
une tribune tribune
triomphant triumphant
un triomphe triumph
triste sad
tristement sadly
la tristesse sadness
trois three
le troisième third
se tromper to be mistaken, be wrong
trop too; **— de** too much, too many
une troupe troop
troubler to trouble
trouver to find; **aller —** to go to find (a person)
se trouver to find oneself, be found, be situated
tu thou, you
tuer to kill
le tumulte tumult
un Turc Turk

U

un, une a, an, one; **— des** one of the
un uniforme uniform
unique unique
utile useful

V

il va he goes
vague vague

vaguement vaguely
vain vain, empty; **en —** in vain
je vais I go, am going; **— + inf.** I am going to + inf.
un valet valet, manservant
la vanité vanity
vaste vast
il *vaut it is worth
vendre to sell; **à —** for sale
vénérable venerable
vous venez you come; **venez** come
la vengeance vengeance, revenge
se venger to avenge oneself
venir to come; **— de + inf.** to have just + inf.; **— chercher** to come for, fetch
venu come; **il est —** he has come
vérifier to verify
véritable veritable, true
(la) vérité verity, truth; **en —** to tell you the truth
un verre glass
vers toward, to, about, around
vertueux, vertueuse virtuous
un vestibule vestibule
les vêtements clothes
(il) veut he wants, wishes; **il — bien** he is willing; **que — dire . . . ?** what does . . . mean?
je veux I want, wish
vexer to vex
un vicomte viscount
une victime victim
(la) vie life, living; **en —** alive; **sans —** lifeless, unconscious
un vieillard old man
vieil, vieille old
vous *viendrez you will come
ils viennent they come
il vient he comes; **— de** he has just
vieux old
la vigile vigil
vigoureux, vigoureuse vigorous

vigoureusement vigorously
un **village** village
une **ville** town, city
vingt twenty; **— -cinq** twenty-five
une **vingtaine** a score
la **violence** violence
violent violent
violet, violette violet, purple
je **vis** I live
le **visage** visage, face
visible visible
visiblement visibly
une **visite** visit; **faire —** to pay a visit, make a call
visiter to visit
un **visiteur** visitor, caller
il **vit** he lives
vite quickly, fast
vivant alive
vous **vivez** you live; **vivez** live
vivre to live
un **vizir** vizier
voici here is, here are; **me —** here I am; **le (la) —** here he (she, it) is; **les —** here they are
ils **voient** they see
voilà there is, there are; **le (la) —** there he (she, it) is; **les —** there they are; **— tout** that's all
voir to see
voisin, voisine neighboring, next to
un **voisin, une voisine** neighbor
il **voit** he sees
une **voiture** carriage

(une) **voix** voice; **à — basse** in a low voice
voler to steal
un **volume** volume
volumineux, volumineuse voluminous
ils **vont** they go
vos your
votre your
le **vôtre, les vôtres** yours
je **voulais** I wanted
vous **voulez** you want, wish, will
vouloir to want, wish, will; **— bien** to be willing; **— dire** to mean
vous you, to you, each other, to each other; **— -même** yourself
(un) **voyage** trip, voyage, journey; **être en —** to be traveling
voyager to travel
un **voyageur** traveler
il **voyait** he was seeing, saw
voyant seeing
(vous) **voyez** you see; **—** see
vrai true
vraiment really, truly
vu seen; **il a —** he saw
(la) **vue** sight; **en —** within sight
vulgaire vulgar

Y

y in it, to it, of it, at it, about it, there, here; **il — a** there is, there are
un **yacht** yacht
les **yeux** eyes; **jeter —** to cast a glance